O Método
FAÇA▶▶

Comece Agora sua Jornada de Realizações e Conquistas

Otavio Oliveira

O Método
FAÇA▶▶

Comece Agora sua Jornada de Realizações e Conquistas

Otavio Oliveira

Dados Internacionais de Catalogação na Publicação (CIP)
(Câmara Brasileira do Livro, SP, Brasil)

```
Oliveira, Otavio
    O método faça [livro eletrônico] : comece agora
sua jornada de realizações e conquistas / Otavio
Oliveira. -- 1. ed. -- Piracicaba, SP : Ed. do Autor,
2023.
    PDF

    ISBN 978-65-00-80783-7

    1. Autoajuda 2. Empreendedorismo 3. Estratégias de
aprendizagem 4. Motivação no trabalho 5. Performance
6. Produtividade do trabalho 7. Relações sociais
I. Título.

23-172716                               CDD-158.1
```

Índices para catálogo sistemático:

```
1. Autoajuda : Autoconhecimento : Planejamento
       estratégico : Psicologia aplicada   158.1
```

Aline Graziele Benitez - Bibliotecária - CRB-1/3129

Contatos:

www.ometodofaca.com.br | www.otaviooliveira.com.br

Você tem neste exato momento a coisa
mais valiosa em suas mãos: o Tempo.
No final do dia de hoje ao invés de
olhar para trás e pensar que mais um
dia se foi, agradeça por tê-lo vivido, e a
cada novo acordar seja grato pelo dia a
mais que viverá. Não desperdice um
dia sequer, faça do hoje o melhor dia
de sua vida, transforme suas intenções
e sonhos em realidade, um dia de cada
vez. Não importa quanto você já adiou,
nunca é tarde demais para começar!

O Autor

Sumário

Prefácio

É com grande entusiasmo que escrevo este prefácio para o livro que você tem em mãos, escrito pelo meu irmão caçula, Otavio Oliveira. Ao longo destas páginas, você encontrará um guia abrangente para a transformação pessoal e profissional, um método comprovado que pode moldar seu destino de maneira profunda e duradoura.

Ver meu irmão traçar um incrível percurso de desafios e superações em sua vida pessoal e profissional, e agora compartilhar essas experiências e aprendizados com o mundo, é motivo de grande orgulho e emoção para mim. Sua jornada de altos e baixos, de obstáculos superados e sonhos realizados, é a prova viva de que o Método FAÇA - Foco, Ação, Confiança e Adaptabilidade - não é apenas uma teoria, mas um caminho tangível para o sucesso e a realização pessoal.

No Capítulo 1, você será conduzido à importância fundamental do Foco, aprendendo como definir objetivos claros e inspiradores que servirão como o farol para sua jornada. Através de histórias inspiradoras e estratégias práticas, você descobrirá como direcionar sua energia e atenção de forma eficaz para alcançar seus sonhos.

O Capítulo 2 mergulha na Ação, destacando como tomar medidas decisivas é o alicerce de qualquer realização significativa. Você aprenderá como superar a procrastinação e a hesitação, capacitando-se a transformar suas ideias em ações concretas e tangíveis. Histórias inspiradoras de indivíduos comuns que transformaram ideias em realidade iluminarão o caminho.

No Capítulo 3, a Confiança emerge como um pilar vital do Método FAÇA. Você irá explorar a importância de acreditar em si mesmo, construindo autoconfiança através de estratégias poderosas e superando o medo e a auto dúvida que muitas vezes nos limitam.

A Adaptabilidade, abordada no Capítulo 4, demonstra como ser flexível e resiliente é essencial em um mundo sob constante mudança. Você descobrirá como a mentalidade de solução de problemas pode impulsionar a adaptabilidade, inspirado por histórias de exploradores e empreendedores que enfrentaram desafios inimagináveis.

Nos Capítulos 5 e 6, você aprenderá como integrar o Método FAÇA em sua vida cotidiana e manter a consistência, motivação e resiliência ao longo da jornada. Exercícios práticos e histórias inspiradoras oferecem um mapa prático para o sucesso.

O Capítulo 7 ilumina como o Método FAÇA pode melhorar relacionamentos pessoais e profissionais, enquanto o Capítulo 8 aborda a importância de equilibrar a vida pessoal e profissional, gerenciar o estresse e manter a saúde mental.

No Capítulo 9, a jornada se completa ao explorar como o Método FAÇA pode ajudar a superar desafios e adversidades, com estudos de casos inspiradores e estratégias para manter a resiliência.

Encorajo você a ler, absorver e aplicar os princípios deste livro em sua própria vida. E, mais importante, compartilhe conosco sua experiência e sucesso. Sua voz é inestimável, e seus relatos podem inspirar outros a trilhar o caminho da transformação.

Otavio Oliveira é o lutador incansável por trás deste livro e o exemplo vivo de como o Método FAÇA pode moldar o destino de alguém. Aplique esses princípios e permita que este livro seja o catalisador de sua jornada extraordinária.

Com orgulho, gratidão e entusiasmo,

Claudio Oliveira

Introdução

A Importância de Desenvolver uma Atitude Positiva e uma Capacidade Eficaz de Execução na Vida Pessoal e Profissional

Nossas vidas são moldadas, em grande parte, pela forma como encaramos desafios e como os enfrentamos. O sucesso pessoal e profissional está profundamente ligado à nossa atitude mental e à nossa capacidade de transformar intenções em ações concretas. Desenvolver uma atitude positiva e uma capacidade eficaz de execução é fundamental para alcançar metas e construir uma vida com propósito e significado.

A Atitude Positiva como Base

A atitude positiva é o alicerce sobre o qual construímos nossos sonhos e objetivos. Ela não apenas influencia nossos pensamentos e emoções, mas também determina como interagimos com o mundo ao nosso redor. Aqui estão algumas razões pelas quais uma atitude positiva é crucial:

Resiliência: Uma atitude positiva fortalece nossa capacidade de lidar com adversidades. Enfrentamos desafios com mais coragem e determinação, vendo-os como oportunidades de crescimento em vez de obstáculos intransponíveis.

Saúde Mental: Uma mentalidade positiva está associada a níveis mais baixos de estresse, ansiedade e depressão. Ela nos ajuda a manter o equilíbrio emocional mesmo em momentos difíceis.

Relações Interpessoais: Pessoas com atitudes positivas geralmente são mais atraentes socialmente. Elas criam relacionamentos mais saudáveis, colaborativos e gratificantes, tanto na vida pessoal quanto na profissional.

Motivação: A positividade alimenta a motivação intrínseca. Quando acreditamos em nossas capacidades, estamos mais dispostos a buscar nossos objetivos com energia e persistência.

A Capacidade Eficaz de Execução como Ponte para o Sucesso

Uma atitude positiva é um grande primeiro passo, mas ela precisa ser acompanhada por uma capacidade eficaz de execução. Afinal, sonhos e objetivos permanecem inalcançáveis se não forem traduzidos em ações concretas. Aqui está por que a execução é essencial:

Transformação de Sonhos em Realidade: A capacidade de transformar ideias em ações é o que nos permite materializar nossos objetivos. Sem essa habilidade, nossos planos permaneceriam apenas no papel.

Produtividade e Eficiência: A execução eficaz nos torna mais produtivos e eficientes em todas as áreas da vida. Ela nos ajuda a gerenciar nosso tempo e recursos de forma otimizada.

Criação de Resultados Tangíveis: Seja na vida pessoal ou profissional, a execução é o que nos permite produzir resultados tangíveis e mensuráveis. É através da execução que construímos carreiras de sucesso, negócios prósperos e vidas com propósito e significado.

Aprendizado e Aperfeiçoamento Constante: A execução nos coloca em situações onde aprendemos e nos desenvolvemos constantemente. Os erros são oportunidades de aprendizado, e a execução nos coloca em movimento, permitindo-nos corrigir o curso quando necessário.

A Sincronia entre Atitude e Execução

A atitude positiva e a capacidade de execução não são independentes; elas estão intrinsecamente ligadas. Uma atitude positiva nos fornece a motivação e a mentalidade necessárias para agir, enquanto a execução eficaz nos dá a capacidade de traduzir essa motivação em resultados reais.

Desenvolver essas habilidades requer esforço contínuo e autodisciplina. É preciso cultivar a mentalidade certa e, ao mesmo tempo, adotar estratégias práticas para concretizar nossos objetivos.

Em resumo, uma atitude positiva e uma capacidade eficaz de execução são os pilares do sucesso na vida pessoal e profissional. Elas nos capacitam a enfrentar desafios com confiança, a construir relacionamentos significativos e a transformar nossos sonhos em realidade. Ao investir no desenvolvimento dessas habilidades, estamos trilhando o caminho para uma vida plena e realizada.

Capítulo 1: Minha Jornada de Superação

Minha Jornada de Superar Desafios e Alcançar o Sucesso por meio do Método FAÇA

Minha vida tem sido uma montanha-russa de desafios e reviravoltas que me levaram a desenvolver uma abordagem única para enfrentar a adversidade e conquistar o sucesso. Esta é a história da minha jornada, marcada por momentos de queda, superação e ressurgimento, culminando na criação do Método FAÇA: Foco, Ação, Confiança e Adaptabilidade.

Em 2005 me vi desempregado e sem perspectivas de encontrar um novo emprego com as mesmas condições de cargo e salário que ocupava até então em uma grande indústria farmacêutica nacional. A necessidade de sustentar minha família me estimulou a tomar uma decisão ousada: empreender. Eu tinha 32 anos de idade nessa época, casado há 10 (dez) anos e na ocasião já tinha 4 (quatro) filhos pequenos com idades entre 1 (um) e 9 (nove) anos, e até ter sido demitido vinha construindo uma carreira sólida e ascendente na área de tecnologia, iniciada aos 18 (dezoito) anos de idade. Após conversa com um amigo comerciante decidi abrir uma loja de colchões, a COLSHOP Colchões & Cia.

Os primeiros 8 meses empreendendo foram verdadeiramente desafiadores, cheios de incertezas e noites sem dormir. Eu questionava constantemente se tinha tomado a decisão certa, e parecia sempre estar à beira do fracasso. Comecei então a anunciar a venda de colchões pela internet, inicialmente em um grande marketplace mas também em um e-commerce próprio.

Em 2006, consegui atingir o ponto de equilíbrio em faturamento do negócio e fui buscando soluções para o aumento do faturamento e sustentabilidade financeira do negócio. Continuei a lutar, sobrevivendo, mas percebi que precisava de algo mais para realmente prosperar, foi então que no começo de 2009 decidi me juntar a um tapeceiro que na ocasião fornecia cabeceiras para minha loja e em sociedade abrimos uma pequena fábrica de cama box com objetivo de vender não apenas para a COLSHOP mas também para outras lojas de colchões.

Ao longo do primeiro semestre de 2009 investi nessa nova empreitada praticamente toda pequena reserva que havia constituído até então, cerca de R$50.000 (cinquenta mil reais), mesma quantia que havia recebido na rescisão trabalhista 4 (quatro) anos antes e que usei para começar o negócio. No começo do segundo semestre de 2009 a COLSHOP foi impactada pela crise econômica global, desencadeada pela bolha imobiliária ocorrida nos Estados Unidos no final do ano anterior, atingindo em cheio o meu negócio de venda de colchões. As vendas despencaram 70% (setenta por cento) e se mantiveram assim até o final do ano, e as vendas da fábrica de camas ainda estava muito distante do esperado. A combinação destes eventos resultou na minha falência, além de perder tudo me vi com dívidas que somavam R$250.000 (duzentos e cinquenta mil reais), entre fornecedores e bancos. Novembro de 2009 é um mês que jamais esquecerei, sou eternamente grato à minha mãe Dona Terezinha por ter me gerado, criado e formado, mas também por aquele mês em especial pois se ela não tivesse levado uma cesta básica que conseguiu pedindo doação à amigos e vizinhos, meus filhos teriam passado fome.

Muita gente é incapaz de sequer imaginar o quanto essa terrível viagem para além do fundo do poço é devastadora, uma escuridão e um vazio absoluto, costumo dizer que é um momento na vida que separa os homens dos meninos, algo que definitivamente não desejo para ninguém!

Mas a adversidade só serviu para acender uma chama dentro de mim. Eu me recusei a desistir. Voltei ao mercado de trabalho na área de tecnologia, começando novamente do zero. Foram dois anos de luta incansável para quitar minhas dívidas e não deixar meus filhos passarem fome, um período repleto de desafios pessoais, financeiros e emocionais. A jornada foi difícil e solitária, também passei por um divórcio neste período, mas minha determinação permaneceu inabalável.

Finalmente, em um momento de virada, em 2011 consegui uma oportunidade de emprego em posição de gestão e muito bem remunerado em uma grande empresa nacional do setor de seguros, na qual fiquei por nove anos. Esse período trouxe estabilidade e a oportunidade de me reerguer financeiramente, então já tendo aprendido na vida uma grande lição comecei a criar uma reserva financeira para o caso de ter que passar novamente por tempos difíceis, o que veio a acontecer 9 (nove) anos depois.

Então em 2020, no início da pandemia global, enfrentei mais um obstáculo quando fui desligado da empresa. Determinado a não me abalar por mais uma reviravolta, empreendi sequencialmente em cinco novos negócios, mas cada um deles trouxe desafios imprevistos e dificuldades, nenhum atingiu o retorno necessário para minha sustentação. Foi nesse momento de reflexão profunda que criei o Método FAÇA: Foco, Ação, Confiança e Adaptabilidade. Percebi que as atitudes e habilidades que me ajudaram a superar tantos desafios ao longo da minha jornada poderiam ser sistematizadas em um método eficaz para enfrentar qualquer obstáculo.

Hoje, sou um exemplo vivo do sucesso que pode ser alcançado por meio do Método FAÇA. Lidero minha própria empresa de serviços na área de Tecnologia e, paralelamente, criei uma comunidade voltada para o desenvolvimento e potencialização de pessoas que desejam trabalhar e evoluir na área de tecnologia, além de promover ações de integração e networking entre os profissionais do setor. Em nome desta comunidade organizei um evento bem-sucedido em minha cidade, essa visibilidade me levou a ser convidado para liderar a organização de mais eventos e também a apresentar um programa semanal de podcast sobre tecnologia, mas a cereja do bolo é a materialização deste livro onde tive a oportunidade de organizar a explosão de idéias que sempre estiveram em minha mente e com ele ajudar muitas pessoas que possam estar passando por dificuldades há muito tempo, não encontram uma maneira para se reerguer e estão perdendo as forças.

Minha história é um lembrete poderoso de que, não importa quantos obstáculos a vida coloque em nosso caminho, podemos superá-los com a mentalidade certa e as ações corretas. O Método FAÇA, nascido de minha experiência, é uma ferramenta valiosa que pode guiar qualquer pessoa na busca pelo sucesso, não importa quão desafiadoras sejam as circunstâncias. Minha história é um testemunho inspirador de como a resiliência, a determinação e a capacidade de adaptação podem transformar vidas e criar um impacto positivo no mundo. Com o Método FAÇA, todos nós podemos conquistar nossos objetivos e alcançar o sucesso que almejamos.

Se você chegou até aqui provavelmente possui uma história similar à minha, mesmo que em dimensões e realidades relativamente diferentes, e ainda não encontrou um meio para transformar suas intenções e sonhos em realidade. Como primeiro exercício prático deste livro convido você a escrever sua jornada, assim como eu fiz anteriormente. Faça de conta que você irá escrever um livro sobre sua vida, se isso não é algo que te deixa confortável escreva ao menos 1 (uma) página, mas se você tem facilidade em redação limite-se à 4 (quatro) páginas para que você consiga colocar todos os detalhes necessários porém não fique tão extensa. Leia, re-leia, mude, melhore, e quando estiver satisfeito(a) com o que escreveu então leia pela última vez e imprima, assine, date, dobre e coloque dentro deste livro caso você esteja com uma cópia física, ou guarde naquela sua pasta de documentos importantes ou em um álbum de fotos de família. Caso não consiga imprimir, envie para seu e-mail colocando no assunto o título desse livro adicionando o termo MINHA JORNADA.

O exercício de redigir o texto sobre sua jornada o ajudará a materializar a consolidação de tudo aquilo que você precisou viver para chegar até aqui e definitivamente lhe preparou para seu próximo passo que é a realização de seus sonhos e suas intenções, ou seja, será seu combustível daqui para frente. Também garanto que daqui a alguns anos você irá se deparar novamente com o texto que você redigiu sobre sua jornada e no mesmo instante irá recordar-se do momento em que está agora, e desde já torço para que você se emocione com o período de transformação que terá promovido em si e em sua vida neste intervalo de tempo.

Capítulo 2: O Método FAÇA

O Caminho para Alcançar o Sucesso na Vida Pessoal e Profissional

Em um mundo dinâmico e em constante transformação, a busca pelo sucesso na vida pessoal e profissional exige um conjunto de habilidades e mentalidades que nos permitam navegar pelas águas turbulentas do século XXI. O Método FAÇA, que engloba Foco, Ação, Confiança e Adaptabilidade, emerge como um caminho sólido e abrangente para alcançar esses objetivos de forma eficaz e significativa.

Foco: A Fundação do Método

O primeiro elemento do Método FAÇA é o Foco. Ter clareza sobre nossos objetivos e metas é essencial para direcionar nossas energias de forma produtiva. Aqui está como o Foco nos ajuda a trilhar o caminho do sucesso:

Concentração e Priorização: O Foco nos permite concentrar nossa atenção nas tarefas mais importantes e priorizar o que realmente importa. Ele evita que nos dispersemos em atividades sem sentido.

Motivação Sustentável: Ter um objetivo claro e definido nos dá a motivação necessária para superar obstáculos e persistir mesmo diante de desafios.

Melhoria Contínua: O Foco nos ajuda a identificar áreas de melhoria e crescimento, permitindo-nos aprender com nossas experiências e ajustar nosso curso quando necessário.

Ação: Transformando Intenções em Realidade

O segundo elemento do Método FAÇA é a Ação. Ter um plano é importante, mas a verdadeira mudança ocorre quando transformamos nossas intenções em ações concretas. Veja como a Ação impulsiona nosso sucesso:

Execução Eficaz: A Ação é o que nos permite executar nossos planos e alcançar nossos objetivos. Sem ela, nossas ideias permanecem apenas no papel.

Proatividade: Ação nos torna mais proativos, permitindo que tomemos a iniciativa e influenciemos positivamente nossas vidas e carreiras.

Resultados Mensuráveis: Através da Ação, produzimos resultados tangíveis que podem ser medidos e avaliados, nos ajudando a entender nosso progresso.

Confiança: A Força Interior

A terceira peça-chave do Método FAÇA é a Confiança. Autoconfiança e confiança nos outros desempenham um papel fundamental na busca pelo sucesso:

Autoconfiança: Ter confiança em nossas habilidades e capacidades nos impulsiona a assumir riscos calculados e acreditar que podemos superar desafios.

Relações Interpessoais: A Confiança é fundamental para construir relacionamentos sólidos e colaborativos. Ela cria um ambiente de trabalho e vida mais positivo.

Resiliência: Quando confiamos em nossa capacidade de lidar com a adversidade, somos mais resistentes e capazes de superar as dificuldades que surgem em nosso caminho.

Adaptabilidade: Navegando pelas Mudanças

Por fim, a quarta pedra angular do Método FAÇA é a Adaptabilidade. Em um mundo em constante evolução, nossa capacidade de se adaptar é vital:

Mentalidade de Crescimento: A Adaptabilidade está intimamente ligada à mentalidade de crescimento. Ela nos torna abertos a aprender e evoluir constantemente.

Resposta à Mudança: Aqueles que são adaptáveis não apenas aceitam a mudança, mas também a abraçam como uma oportunidade de crescimento.

Inovação: A Adaptabilidade impulsiona a inovação, permitindo que descubramos novas soluções para problemas antigos e enfrentemos os desafios de maneiras criativas.

O Método FAÇA é, portanto, uma abordagem holística e abrangente para alcançar o sucesso na vida pessoal e profissional. Ao combinar Foco, Ação, Confiança e Adaptabilidade, podemos enfrentar os desafios com confiança, perseguir nossos objetivos com determinação e prosperar em um mundo em constante mudança. Esta abordagem não apenas nos capacita a alcançar o sucesso, mas também a criar vidas significativas e satisfatórias. Seja qual for o seu objetivo, o Método FAÇA é um guia confiável para alcançá-lo de maneira eficaz e duradoura.

Capítulo 3: Foco - Definindo Seus Objetivos

A Importância do Foco

Nossa jornada em direção ao sucesso começa com um dos elementos fundamentais do Método FAÇA: o Foco. Ele é a âncora que nos mantém firmes no caminho que escolhemos trilhar, a bússola que nos guia por entre as muitas distrações e tentações que a vida nos apresenta. O Foco é a base sobre a qual construímos nossos sonhos e firmamos nossa jornada para alcançar metas significativas. Nesta etapa, exploraremos em profundidade a importância do Foco e como ele pode moldar o nosso destino.

O Significado Profundo do Foco

Foco, em seu sentido mais amplo, refere-se à concentração deliberada e direcionada de nossa atenção e energia em uma tarefa, objetivo ou projeto específico. Parece simples, mas é uma das habilidades mais valiosas que podemos desenvolver em nossa busca pelo sucesso. O Foco não se limita apenas a concentrar nossa mente, mas também envolve o direcionamento de nossas ações e recursos para alcançar um propósito definido.

Aqui estão algumas razões convincentes pelas quais o Foco é essencial:

Clareza de Objetivos: O Foco nos ajuda a definir objetivos claros e específicos. Quando sabemos para onde estamos indo, é mais fácil planejar o caminho para chegar lá. Sem Foco, nossas ações se dispersam, e nossos objetivos permanecem vagos e inatingíveis.

Eficiência e Produtividade: Quando nos concentramos em uma tarefa de cada vez, nossa eficiência e produtividade aumentam consideravelmente. O Foco nos permite dedicar nossa energia a uma atividade específica, o que resulta em melhores resultados em menos tempo.

Tomada de Decisões mais Inteligentes: Ter um Foco claro nos ajuda a tomar decisões alinhadas com nossos objetivos. Quando enfrentamos escolhas difíceis, podemos avaliá-las com base em como contribuirão para nossos propósitos.

Resistência às Distrações: Em um mundo repleto de distrações constantes, o Foco atua como um escudo protetor. Ele nos ajuda a resistir à tentação de se distrair com notificações de dispositivos eletrônicos, informações irrelevantes e outros elementos que podem nos desviar do caminho.

Motivação Sustentável: Ter um objetivo claro e definido é uma fonte constante de motivação. Quando sabemos por que estamos fazendo algo e o valor que isso tem, é mais provável que permaneçamos comprometidos e persistentes, mesmo quando os desafios surgem.

Construção de Competência: O Foco nos permite aprofundar nosso conhecimento e habilidades em uma área específica. À medida que nos concentramos em aprender e crescer em um campo, tornamo-nos especialistas, o que pode abrir portas para oportunidades que antes eram inatingíveis.

Redução do Estresse: A dispersão e a falta de foco podem aumentar significativamente o estresse. Quando sabemos exatamente no que devemos nos concentrar, podemos eliminar a ansiedade associada à indecisão e à falta de direção.

Conquista de Objetivos: Em última análise, o Foco é o que nos permite avançar na direção de nossos objetivos e sonhos. É a ferramenta que transforma nossas intenções em ações concretas e nos aproxima de nossas realizações mais significativas.

Em resumo, o Foco é a pedra angular do sucesso. É a capacidade de direcionar nossa atenção e energia para o que realmente importa, permitindo-nos superar desafios, alcançar nossos objetivos e criar uma vida significativa. Nas etapas seguintes deste capítulo, exploraremos como desenvolver e aprimorar essa habilidade vital, capacitando-nos a traçar um caminho claro em direção ao sucesso pessoal e profissional.

Definindo Metas Claras e Objetivos Inspiradores

O Foco é a âncora que nos mantém no curso de nossas vidas, mas para onde exatamente estamos indo? Aqui entra a importância de definir metas claras e objetivos inspiradores. Esta etapa é fundamental para o sucesso, pois fornece a direção que nossa jornada precisa.

Metas Claras: O Mapa do Seu Sucesso

Metas claras são como um mapa que nos guia através do território desconhecido da vida. Elas representam os destinos específicos que desejamos alcançar. Sem metas claras, nosso caminho se torna incerto, e nossos esforços podem ser desperdiçados em atividades que não nos levam a lugar nenhum.

Aqui estão algumas dicas para definir metas claras:

Seja Específico: Em vez de estabelecer uma meta vaga como "ser bem-sucedido", defina objetivos específicos, como "aumentar minhas vendas em 30% nos próximos 12 meses". A especificidade torna sua meta tangível e mensurável.

Seja Mensurável: Suas metas devem ser mensuráveis, para que você possa acompanhar seu progresso. Use números e métricas sempre que possível. Isso permite que você saiba quando atingiu sua meta.

Seja Realista: Embora seja importante sonhar grande, suas metas também devem ser realistas. Considere seus recursos, tempo e habilidades ao definir suas metas. Metas inatingíveis podem ser desanimadoras.

Tenha Prazos: Defina prazos para suas metas. Um prazo cria um senso de urgência e mantém você responsável por tomar medidas consistentes em direção ao seu objetivo.

Seja Relevante: Suas metas devem ser relevantes para seus valores e aspirações pessoais. Certifique-se de que elas tenham significado para você, para que você esteja motivado a alcançá-las.

Objetivos Inspiradores: O Combustível do Seu Foco

Além de metas claras, é igualmente importante que seus objetivos sejam inspiradores. Objetivos inspiradores são aqueles que ressoam profundamente com sua paixão, propósito e valores. Eles são a chama que mantém seu Foco aceso mesmo nos momentos mais desafiadores.

Aqui estão algumas dicas para definir objetivos inspiradores:

Conheça-se: Tire um tempo para se conhecer profundamente. Descubra seus valores, paixões e o que realmente importa para você na vida. Seus objetivos devem estar alinhados com quem você é.

Pergunte "Por quê?": Para tornar um objetivo inspirador, pergunte-se por que ele é importante. Descubra a razão emocional por trás da meta. Isso lhe dará motivação extra para perseguir seu objetivo.

Sonhe Grande: Não tenha medo de sonhar grande. Objetivos inspiradores muitas vezes envolvem desafios significativos, mas também proporcionam um senso de realização profunda.

Visualize o Sucesso: Imagine-se atingindo seus objetivos. Como isso se parece? Como se sente? A visualização positiva pode aumentar sua motivação e manter seu Foco.

Esteja Aberto a Ajustes: À medida que você evolui, seus objetivos podem evoluir também. Esteja aberto a ajustar suas metas para refletir sua jornada em constante mudança.

Definir metas claras e objetivos inspiradores é como traçar o mapa de sua jornada. Eles fornecem a direção e a motivação necessárias para manter seu Foco. Com metas que são específicas, mensuráveis, realistas, relevantes e temporais (SMART) e objetivos que ressoam com sua paixão e propósito, você está equipado para navegar pelos desafios da vida com determinação e confiança. E à medida que avançamos neste livro, veremos como o Foco se torna a chave para transformar esses objetivos em realidade.

Estratégias para Manter o Foco

Definir metas claras e objetivos inspiradores é apenas o primeiro passo na busca do sucesso. O verdadeiro desafio é manter o Foco ao longo da jornada, especialmente em um mundo repleto de distrações e imprevistos. Nesta etapa, exploraremos estratégias eficazes para manter o Foco em objetivos de curto prazo e longo prazo, permitindo-nos permanecer no caminho, independentemente dos desafios que surjam.

Para Objetivos de Curto Prazo:

Priorize Suas Tarefas: Comece o dia identificando as tarefas mais importantes que o levarão em direção aos seus objetivos de curto prazo. Concentre-se em concluir essas tarefas antes de abordar as menos importantes.

Defina Horários de Trabalho Focados: Reserve períodos específicos do dia para trabalhar intensamente em seus objetivos. Desligue notificações de dispositivos eletrônicos e evite distrações durante esses intervalos.

Utilize a Técnica Pomodoro: Divida seu trabalho em blocos de tempo curtos, geralmente 25 (vinte e cinco) minutos, seguidos por uma pausa curta. Isso ajuda a manter o Foco e a produtividade.

Elimine a Multitarefa: A multitarefa pode prejudicar a qualidade do seu trabalho e sua capacidade de manter o Foco. Concentre-se em uma tarefa de cada vez.

Recompense-se: Estabeleça recompensas para si mesmo ao atingir marcos de curto prazo. Isso pode aumentar sua motivação e seu compromisso com os objetivos.

Para Objetivos de Longo Prazo:

Divida em Metas Menores: Divida seus objetivos de longo prazo em metas menores e mais gerenciáveis. Isso torna a jornada menos assustadora e mais realizável.

Mantenha um Plano Detalhado: Crie um plano detalhado que inclua etapas específicas para alcançar seus objetivos de longo prazo. Um roteiro claro ajuda a manter o Foco na jornada.

Acompanhe Seu Progresso: Registre seu progresso ao longo do tempo. Isso não apenas mantém você motivado, mas também permite ajustar sua estratégia, se necessário.

Estabeleça Lembretes Visuais: Coloque lembretes visuais de seus objetivos em locais estratégicos, como na tela do computador ou no espelho do banheiro. Isso mantém os objetivos em sua mente diariamente.

Encontre um Mentor ou Apoiador: Compartilhar seus objetivos com um mentor ou amigo de confiança pode fornecer apoio emocional e responsabilidade.

Para Lidar com Distrações e Imprevistos:

Pratique a Consciência Plena: A atenção plena, ou mindfulness, ajuda a manter o Foco no presente e a lidar com distrações de maneira mais eficaz.

Gerencie o Tempo com Sabedoria: Aprenda a dizer "não" a compromissos ou distrações que não contribuem para seus objetivos. Priorize seu tempo de acordo com seus valores.

Seja Flexível: Aceite que a vida trará imprevistos. Em vez de se sentir derrotado, adapte-se e encontre maneiras de continuar avançando, mesmo em circunstâncias desafiadoras.

Pratique a Resiliência: A resiliência é a capacidade de se recuperar de fracassos e desafios. Veja os obstáculos como oportunidades de aprendizado e crescimento.

Reavalie e Ajuste: Periodicamente, reavalie seus objetivos e estratégias. À medida que você evolui, suas prioridades podem mudar, e é importante ajustar seu Foco de acordo.

Manter o Foco é uma habilidade que se desenvolve com o tempo e a prática. Não se trata apenas de evitar distrações, mas de cultivar a disciplina mental necessária para permanecer dedicado aos seus objetivos, independentemente das circunstâncias. Com essas estratégias em mente, você estará mais preparado para enfrentar os desafios que surgem ao longo de sua jornada e alcançar o sucesso que almeja. No próximo capítulo, exploraremos o segundo elemento do Método FAÇA: Ação, e como transformar seu Foco em resultados tangíveis.

Atividade Interativa - Avaliação do seu Nível de Foco e Definição de Metas e Objetivos

Encontrando o meu Nível de Foco:

Dedique um tempo para refletir sobre seu nível atual de Foco em sua vida pessoal e profissional. Para te auxiliar nesta reflexão proponho a seguir um conjunto de 10 (dez) perguntas. A resposta para cada pergunta deve ser SIM ou NÃO. Lembre-se de ser totalmente sincero consigo mesmo em cada resposta!

1 - Me sinto distraído durante o trabalho ou minhas atividades diárias com frequência?

2 - Tenho dificuldade em manter o Foco em uma única tarefa por um período prolongado?

3 - Costumo adiar tarefas importantes ou procrastinar com frequência?

4 - Quando estabeleço metas, elas geralmente são específicas e mensuráveis?

5 - Consigo definir prazos realistas para alcançar meus objetivos?

6 - Tenho o hábito de revisar regularmente meus progressos em direção aos meus objetivos?

7 - Costumo me sentir sobrecarregado pela multitarefa?

8 - As distrações, como notificações de celular, um telefonema, um novo e-mail, prejudica muito minha capacidade de concentração e foco na atividade que estou realizando?

9 - Consigo manter o Foco mesmo em tarefas monótonas ou que exigem grande concentração?

10 - Quando me defronto com obstáculos ou desafios, continuo a perseverar em direção aos meus objetivos?

Use o quadro a seguir para suas respostas:

	AVALIAÇÃO DO NÍVEL DE FOCO									
Perguntas	1	2	3	4	5	6	7	8	9	10
Respostas	SIM (0)	SIM (0)	SIM (0)	SIM (1)	SIM (1)	SIM (1)	SIM (0)	SIM (0)	SIM (1)	SIM (1)
	NÃO (1)	NÃO (1)	NÃO (1)	NÃO (0)	NÃO (0)	NÃO (0)	NÃO (1)	NÃO (1)	NÃO (0)	NÃO (0)

Você deve ter observado que para cada pergunta a resposta SIM e NÃO possuem valores diferentes ao seu lado. Agora some o total de valores de todas as respostas que você selecionou para cada pergunta e encontre no quadro a seguir "Sua Pontuação". faça um "X" no número que corresponde à soma de suas respostas. Desta forma você identificará o seu NÍVEL DE FOCO.

Escala	NÍVEL DE FOCO									
	PERCO O FOCO COM FREQUÊNCIA					SOU EXTREMAMENTE FOCADO				
	1	2	3	4	5	6	7	8	9	10
Sua Pontuação										

Caso tenha dificuldade em encontrar seu nivel de foco, segue um exemplo: Suponhamos que todas as minhas respostas foram SIM, ao somar todos os valores 0 (zero) e 1 (um) da tabela chegaremos ao total de 5 (cinco). Sendo assim minha pontuação na tabela de Nível de Foco é 5 (cinco), ou seja, nem extremamente focado, nem com perda frequente de foco. Desta forma, quanto maior sua pontuação, maior seu nível de foco, e vice versa.

Definindo Metas e Objetivos:

Escreva nos respectivos quadros a seguir os 3 (três) objetivos ou metas de curto prazo (a serem alcançados nas próximas semanas ou meses) e mais 3 (três) objetivos ou metas de longo prazo (a serem alcançados nos próximos anos). Dica: lembre-se dos princípios discutidos anteriormente sobre como tornar as metas específicas, mensuráveis, realistas, relevantes e temporais (S.M.A.R.T.).

OBJETIVOS DE CURTO PRAZO (SEMANAS OU MESES)	
1	
2	
3	

OBJETIVOS DE LONGO PRAZO (ANOS)	
1	
2	
3	

Plano de Ação:

Com base nas respostas da autoavaliação e na definição das metas e objetivos de curto e longo prazo você deverá agora estabelecer as ações práticas que irão levá-lo ao atingimento das mesmas, ou seja, seu Plano de Ação.

No quadro a seguir escreva 3 (três) ações que poderão te ajudar a melhorar seu foco no menor tempo possível. Lembre-se das várias estratégias e técnicas discutidas anteriormente no entanto fique à vontade para estabelecer outras que eventualmente não tenham sido citadas mas que você acredita que se adaptem melhor à sua realidade.

PLANO DE AÇÃO PRIORITÁRIO - MELHORAR O FOCO IMEDIATAMENTE	
1	
2	
3	

Agora no quadro a seguir escreva 3 (três) passos concretos que lhe ajudarão a avançar em direção aos objetivos de curto prazo e os objetivos de longo prazo.

PLANO DE AÇÃO SECUNDÁRIO - PASSOS CONCRETOS QUE ME AJUDARÃO A AVANÇAR EM DIREÇÃO AOS OBJETIVOS DE CURTO PRAZO E DE LONGO PRAZO	
1	
2	
3	

Compromisso e Acompanhamento:

A jornada em direção aos seus objetivos exige mais do que apenas defini-los. É o acompanhamento regular do seu progresso que realmente faz a diferença. Imagine seu objetivo como um destino distante, e o acompanhamento como o mapa que o guiará até lá.

Criar um sistema de acompanhamento não apenas aumenta suas chances de sucesso, mas também ajuda a manter seu Foco afiado. É como ajustar uma bússola durante uma longa viagem - as pequenas correções de curso o mantêm na direção certa.

Portanto, comprometa-se a revisar regularmente seus objetivos e avaliar seu progresso. Estabeleça um horário específico para essas verificações em sua agenda e trate-as como compromissos inegociáveis consigo mesmo.

Vou deixar a seguir algumas sugestões com base no sistema de acompanhamento que eu realizo:
1 - Bloquear 1 (uma) hora em sua agenda na tarde da sexta-feira (recorrência semanal) para revisão das ações de curto prazo;
2 - Bloquear 1 (uma) hora em sua agenda na tarde do último dia do mês (recorrência mensal) para revisão das ações de longo prazo;

3 - Conforme as ações forem concluídas avalie se há necessidade de incluir uma nova ação no plano, tanto para o de curto prazo quanto para o de longo prazo;

4 - Trimestralmente faça uma consolidação geral considerando, pelo menos:

a) Quanto percentualmente cada ação evoluiu (pode ser uma estimativa baseada em seu feeling);

b) Quantas ações foram concluídas no último trimestre;

c) Quantas novas ações foram acrescentadas no último trimestre;

d) Quanto percentualmente você considera que está mais próximo de atingir cada meta ou objetivo.

Não há uma regra, fique à vontade para definir o sistema de acompanhamento que mais se adeque à sua realidade.

Celebre suas vitórias, mesmo que sejam pequenas, e use os desafios como oportunidades de aprendizado. Ao fazer isso, você estará mantendo seu Foco e sua motivação em alta, mantendo-se firmemente no caminho em direção a seus objetivos.

Lembre-se de que a jornada é tão importante quanto o destino. Ao criar um sistema de acompanhamento, você estará se capacitando não apenas a alcançar seus objetivos, mas também a crescer e evoluir ao longo do caminho. Isso, por si só, é uma conquista digna de celebração. Continue a se dedicar e a se aprimorar, e o sucesso se tornará uma parte inevitável de sua jornada.

Capítulo 4: Ação - Tornando Sonhos em Realidade

A Importância de Tomar Ações Decisivas

Os sonhos e objetivos são como sementes plantadas em nossa mente. Eles representam nossas aspirações mais profundas e o potencial que cada um de nós carrega. No entanto, uma semente, por mais promissora que seja, nunca se transformará em uma árvore majestosa se não for regada e cuidada com ações decisivas.

A ação é o elo vital entre o que sonhamos e o que conseguimos alcançar. Ela é a força motriz por trás de qualquer realização significativa em nossas vidas.

Mas por que a ação é tão crucial?

1. Transforma Planos em Realidade

Por mais elaborados e bem planejados que sejam nossos objetivos, eles permanecem no campo das ideias até que tomemos medidas concretas para realizá-los. A ação é o processo que transforma planos em realidade tangível.

2. Supera a Paralisia da Análise

Muitas vezes, ficamos presos em um ciclo de análise excessiva, tentando prever todos os cenários possíveis antes de agir. No entanto, a ação decisiva nos liberta dessa paralisia e nos move em direção aos nossos objetivos, mesmo quando não temos todas as respostas.

3. Constrói Momentum

A ação cria momentum. Cada passo que damos em direção aos nossos objetivos nos impulsiona a dar o próximo. Quanto mais agimos, mais confiança ganhamos e mais rápido progredimos.

4. Gera Aprendizado e Adaptação

A ação não apenas nos leva mais perto de nossos objetivos, mas também nos ensina lições valiosas. Ao agir, aprendemos o que funciona e o que não funciona, e podemos ajustar nossa abordagem de acordo.

5. Cultiva a Confiança

Cada ação bem-sucedida aumenta nossa confiança. Quando vemos que somos capazes de realizar algo, isso nos encoraja a enfrentar desafios maiores e mais ambiciosos.

6. Rompe a Inércia

A inércia, muitas vezes, é o maior obstáculo para alcançar nossos objetivos. A ação decisiva quebra essa inércia inicial e nos coloca em movimento na direção certa.

7. Cria Resultados Tangíveis

No final do dia, o que realmente importa são os resultados. A ação é o único meio pelo qual transformamos nossos sonhos em realizações concretas. Sem ação, os objetivos permanecem intangíveis.

Imagine um arquiteto que projeta uma ponte magnífica, mas nunca a constrói. A ponte permanecerá apenas um desenho em um papel. Da mesma forma, nossos objetivos e sonhos permanecerão intocados a menos que decidamos tomar ações decisivas.

No próximo segmento deste capítulo, exploraremos como superar a procrastinação e as armadilhas que podem nos impedir de agir. Afinal, a ação não é apenas importante; é essencial para alcançar o que desejamos em nossas vidas.

Como Superar a Procrastinação e a Hesitação

A ação é a chave para transformar sonhos em realidade, mas há um inimigo silencioso que frequentemente tenta sabotar nossos esforços: a procrastinação. Todos nós já experimentamos esse comportamento de adiar tarefas importantes em algum momento de nossas vidas. No entanto, superar a procrastinação é essencial para dar os passos decisivos em direção aos nossos objetivos.

Mas o Que é Procrastinação?

A procrastinação é o ato de adiar tarefas ou ações que precisam ser realizadas, muitas vezes em favor de atividades mais fáceis ou prazerosas. Pode ser uma armadilha perigosa, pois nos impede de avançar em direção aos nossos objetivos e nos deixa presos em um ciclo de hesitação.

Aqui estão algumas estratégias eficazes para superar a procrastinação e a hesitação:

1. Estabeleça Metas Pequenas e Gerenciáveis:

Divida seus objetivos em tarefas menores e mais gerenciáveis. Isso torna as ações mais acessíveis e menos intimidantes. Ao completar essas tarefas menores, você ganha confiança e impulso para enfrentar as maiores.

2. Crie um Plano de Ação:

Desenvolva um plano detalhado que especifique o que precisa ser feito, quando e como. Ter um roteiro claro elimina a incerteza e torna mais fácil dar os primeiros passos.

3. Use a Técnica Pomodoro:

A técnica Pomodoro envolve dividir o trabalho em intervalos de tempo, geralmente 25 (vinte e cinco) minutos seguidos por uma pausa curta de até 5 (cinco) minutos. Isso torna as tarefas mais administráveis e ajuda a manter o foco.

4. Estabeleça Prazos Firmes:

Defina prazos realistas para suas tarefas e objetivos. Prazos proporcionam um senso de urgência e responsabilidade.

5. Encontre Motivação Pessoal:

Descubra o que realmente o motiva a agir. Conectar suas ações aos seus valores, paixões e objetivos pessoais pode aumentar sua motivação intrínseca.

6. Elimine Distrações:

Identifique e elimine as distrações que o impedem de agir. Isso pode incluir desligar notificações de dispositivos eletrônicos ou criar um ambiente de trabalho livre de distrações.

7. Pratique a Auto-Compaixão:

Não seja muito duro consigo mesmo quando procrastinar. Em vez disso, reconheça que a procrastinação é comum e faça um esforço para voltar aos trilhos gentilmente.

8. Estabeleça Responsabilidade:

Compartilhe seus objetivos e planos com alguém de confiança. Isso cria responsabilidade e pode motivá-lo a cumprir seus compromissos.

9. Visualize o Sucesso:

Pense em como se sentirá quando completar a tarefa ou alcançar o objetivo. A visualização positiva pode ser uma poderosa ferramenta motivacional.

10. Comece com o Primeiro Passo:

A ação mais difícil é frequentemente o primeiro passo. Concentre-se em dar esse passo inicial e, uma vez começado, é mais provável que continue.

A procrastinação é uma batalha constante para muitos de nós, mas com essas estratégias, você pode superá-la e tomar ações decisivas em direção aos seus sonhos e objetivos. Lembre-se de que a ação é a ponte que transforma seus sonhos em realidade, e cada passo que você dá o aproxima do sucesso desejado.

Histórias Inspiradoras - Transformando Ideias em Ações

Para ilustrar a importância da ação e inspirar você a seguir em direção aos seus próprios objetivos, compartilharei algumas histórias inspiradoras de pessoas reais que transformaram suas ideias em ações e realizaram feitos extraordinários.

A História de Thomas Edison: A Luz que Brilha nas Trevas

No final do século XIX, Thomas Edison estava determinado a iluminar o mundo de uma maneira completamente nova. Ele acreditava que poderia criar uma luz elétrica prática e acessível para substituir as lanternas a gás e as velas que dominavam a iluminação na época.

Edison não apenas tinha uma visão clara, mas também estava disposto a trabalhar incansavelmente para transformá-la em realidade. Ele realizou milhares de experimentos, enfrentando falhas repetidas. A cada tentativa mal sucedida, ele via uma oportunidade de aprendizado e ajuste.

Finalmente, após inúmeras tentativas, Edison inventou o filamento de carbono que permitia a produção de lâmpadas elétricas duradouras. Em 1879, ele demonstrou com sucesso a primeira lâmpada incandescente funcional. Sua inovação revolucionou a forma como o mundo era iluminado e pavimentou o caminho para a eletrificação global.

O que torna a história de Edison tão inspiradora é sua dedicação implacável à ação. Ele não apenas sonhou com a luz elétrica, mas também trabalhou incansavelmente para transformar esse sonho em realidade. Sua perseverança é um lembrete poderoso de que a ação decisiva pode superar até mesmo os desafios mais aparentemente insuperáveis.

A História de J.K. Rowling: Da Rejeição ao Sucesso Literário

J.K. Rowling, autora da série de livros "Harry Potter", também é um exemplo notável de transformar ideias em ações. Ela enfrentou rejeições repetidas de editoras antes de encontrar alguém disposto a publicar seu primeiro livro.

O que diferencia Rowling é que ela nunca desistiu de sua paixão pela escrita e sua crença em sua história. Ela persistiu, mesmo quando as probabilidades pareciam estar contra ela. Sua determinação a levou a criar uma das séries de livros mais populares e amadas do mundo, e ela se tornou uma das autoras mais bem-sucedidas da história.

A história de J.K. Rowling nos lembra que a ação é muitas vezes acompanhada por rejeição e desafios, mas é a persistência e a crença em sua visão que podem levar ao sucesso.

A Jornada de Amyr Klink: A Aventura que Desafiou o Oceano

Há histórias de determinação e coragem que transcendem as fronteiras do comum e nos inspiram a acreditar que o impossível é apenas uma questão de perspectiva. A jornada de Amyr Klink, um navegante intrépido, é uma dessas histórias inspiradoras que nos lembram do poder do espírito humano.

Em 1984, Amyr Klink decidiu realizar uma façanha épica: atravessar o Oceano Atlântico Sul em um barco a remo. O desafio era monumental, uma vez que implicava enfrentar tempestades, solidão, e um oceano vasto e implacável. No entanto, Amyr estava determinado a provar que a força de vontade e a resiliência poderiam superar qualquer obstáculo.

Partindo do porto de Lüderitz, na Namíbia, Amyr Klink navegou solitariamente em seu barco a remo "I.A.T." em direção ao Brasil. Os dias eram longos e solitários, com apenas o oceano como companheiro constante. Ele enfrentou tempestades ferozes, ondas gigantes e a incerteza do desconhecido.

Durante essa jornada extraordinária, Amyr Klink descobriu a verdadeira essência da resiliência. Quando as adversidades pareciam insuperáveis, ele encontrava forças dentro de si para continuar remando, um golpe de cada vez. Sua determinação era uma lição de perseverança para todos nós.

Após 100 dias de luta incansável contra os elementos, Amyr Klink finalmente alcançou o litoral brasileiro, chegando à praia de Paraty, no estado do Rio de Janeiro. Sua jornada épica havia chegado ao fim, mas seu legado de determinação e coragem continuaria a inspirar pessoas em todo o mundo.

A história de Amyr Klink é um lembrete poderoso de que, mesmo diante dos desafios mais formidáveis, a resiliência e a determinação podem nos levar além de nossos limites percebidos. Sua jornada através do Oceano Atlântico Sul em um barco a remo não apenas quebrou recordes, mas também quebrou as barreiras da impossibilidade. É uma lição de que, quando temos um objetivo claro e a coragem para persegui-lo, podemos superar qualquer tempestade e alcançar qualquer destino, não importa o quão distante ou desafiador possa parecer. Amyr Klink nos ensina que a aventura da vida está na jornada, na determinação e na crença inabalável de que podemos conquistar até mesmo os mares mais turbulentos da existência.

Ernest Shackleton: A Odisseia da Determinação

No início do século 20, o explorador britânico Sir Ernest Shackleton liderou uma das expedições mais notáveis e heróicas da era da exploração polar. Sua história é um testemunho de como a ação decidida e a resolução podem superar as adversidades mais extremas.

Em 1914, Shackleton partiu em sua missão para ser o primeiro a atravessar o continente antártico. No entanto, antes mesmo de chegar ao continente gelado, seu navio, o Endurance, ficou preso no gelo do Mar de Weddell. Presos por meses, Shackleton e sua tripulação enfrentaram condições brutais, temperaturas congelantes e a ameaça constante do gelo esmagar seu navio.

Com a destruição inevitável do Endurance, Shackleton tomou uma decisão rápida e arriscada. Ele e sua tripulação abandonaram o navio, que foi esmagado pelo gelo, e se estabeleceram em um acampamento improvisado no gelo à deriva. A partir desse momento, a sobrevivência tornou-se a prioridade.

Com resiliência e determinação incomparáveis, Shackleton liderou sua equipe através de uma incrível jornada de sobrevivência. Eles usaram botes salva-vidas para chegar a uma pequena ilha desabitada chamada Ilha Elefante, e de lá, Shackleton e alguns de seus homens fizeram uma perigosa viagem de 1.300 km até a Geórgia do Sul em busca de ajuda.

Incrivelmente, após meses de sofrimento e perigos constantes, Shackleton retornou à Ilha Elefante e resgatou com sucesso todos os membros de sua tripulação. Nenhum deles perdeu a vida, um feito notável dado o ambiente implacável em que estiveram.

Ernest Shackleton personifica a ação decidida em face da adversidade. Sua capacidade de tomar decisões rápidas e corajosas, juntamente com sua liderança inspiradora, salvou a vida de sua equipe e demonstrou como a determinação inabalável pode superar até mesmo as circunstâncias mais desafiadoras.

Essa história de resiliência e ação inquebrável é uma inspiração para todos nós, lembrando-nos de que, não importa quão sombrias pareçam as circunstâncias, a determinação e a coragem podem nos levar a superar desafios aparentemente insuperáveis. Sir Ernest Shackleton permanece como um exemplo duradouro da força do espírito humano quando se trata de transformar sonhos em realidade, mesmo nas condições mais extremas.

Essas histórias inspiradoras são testemunhos vivos de como a ação é o catalisador que transforma ideias em realidade. Edison, Rowling, Klink e Shackleton enfrentaram inúmeras dificuldades, mas suas ações implacáveis os levaram a realizar coisas extraordinárias. Lembre-se de que você também pode transformar seus sonhos em ações e, eventualmente, em realizações notáveis. A próxima vez que você se sentir hesitante ou procrastinar, lembre-se dessas histórias e deixe-as inspirá-lo a tomar medidas decisivas em direção aos seus objetivos.

Capítulo 5: Confiança - Acredite em Você Mesmo

Explorando a Confiança em Si Mesmo

A confiança em si mesmo é uma das forças mais poderosas que podemos cultivar. Ela é a base sobre a qual construímos nossos sonhos, enfrentamos desafios e tomamos medidas ousadas em direção ao que queremos alcançar na vida. Mas o que exatamente é a confiança em si mesmo, e como podemos explorá-la para nosso benefício?

A Natureza da Confiança em Si Mesmo

A confiança em si mesmo não é um traço inato que algumas pessoas têm e outras não. Ela é uma habilidade que pode ser desenvolvida e aprimorada ao longo do tempo. É a crença interna de que somos capazes de enfrentar desafios, superar obstáculos e alcançar nossos objetivos.

A confiança em si mesmo não significa ausência de dúvidas ou medos. Todos nós experimentamos momentos de incerteza. No entanto, a confiança em si mesmo nos permite avançar apesar dessas dúvidas, acreditando que somos capazes de lidar com o que quer que surja em nosso caminho.

Explorando Sua Confiança Interna

A exploração da confiança em si mesmo começa com a autoconsciência. É importante entender como você se sente em relação a si mesmo e às suas capacidades. Aqui estão alguns passos para ajudá-lo a explorar sua confiança interna:

Autoavaliação Honesta: Faça uma autoavaliação honesta de sua autoestima e confiança. Como você se vê? Quais são seus pontos fortes e fracos? Quais são suas crenças sobre suas habilidades?

Reflita sobre Suas Conquistas: Pense em momentos em sua vida em que você alcançou algo significativo. Essas conquistas podem variar de pequenas vitórias a grandes realizações. Reflita sobre como você se sentiu nessas situações e o que contribuiu para seu sucesso.

Identifique Barreiras: Reconheça quaisquer barreiras internas que possam estar minando sua confiança. Isso pode incluir autocrítica excessiva, perfeccionismo ou medo do fracasso.

Desenvolva a Auto Compaixão: Pratique a autocompaixão, aprendendo a tratar a si mesmo com gentileza e compreensão, mesmo quando enfrenta desafios ou comete erros.

Estabeleça Metas Pequenas: Comece definindo metas pequenas e alcançáveis. À medida que você as alcança, sua confiança em si mesmo aumenta.

Aprenda com a Experiência: Veja cada experiência, especialmente as desafiadoras, como uma oportunidade de aprendizado. O fracasso não é uma derrota total, mas sim um trampolim para o crescimento.

Visualize o Sucesso: Use a visualização positiva para imaginar a si mesmo alcançando seus objetivos. Isso fortalece sua crença em suas capacidades.

Cultive Relações Positivas: Rodeie-se de pessoas que apoiam e incentivam sua confiança em si mesmo. Relações positivas podem ser um impulso significativo.

Lembre-se de que a confiança em si mesmo é uma jornada contínua. À medida que você explora e desenvolve sua confiança interna, estará mais preparado para enfrentar os desafios da vida com uma atitude positiva e determinada. Acreditar em si mesmo é o primeiro passo fundamental para alcançar seus objetivos e criar a vida que deseja.

Estratégias para Construir e Manter a Autoconfiança

A construção e manutenção da autoconfiança são essenciais para alcançar nossos objetivos e enfrentar os desafios que a vida nos apresenta. Felizmente, existem várias estratégias eficazes que podem ajudar a fortalecer sua autoconfiança ao longo do tempo.

1. Defina Metas Realistas:

Estabelecer metas realistas e alcançáveis é fundamental para construir a autoconfiança. Quando você alcança seus objetivos, mesmo que sejam pequenos, sente um senso de realização que fortalece sua crença em suas habilidades.

2. Aja com Coragem:

Tomar medidas corajosas, mesmo quando você sente medo ou insegurança, é uma maneira poderosa de construir a autoconfiança. Cada vez que você enfrenta um medo ou desafio, sua confiança aumenta.

3. Celebre suas Conquistas:

Não subestime o poder da celebração. Reconheça e celebre suas conquistas, não importa o quão pequenas possam parecer. Isso reforça a ideia de que você é capaz de realizar coisas importantes.

4. Aprenda com o Fracasso:

O fracasso não é o oposto da autoconfiança; é uma parte natural do processo de crescimento. Veja o fracasso como uma oportunidade de aprendizado e uma etapa em direção ao sucesso.

5. Pratique a Autocompaixão:

Trate-se com gentileza e compaixão, especialmente quando cometer erros ou enfrentar desafios. Evite a autocrítica excessiva, pois isso pode minar sua autoconfiança.

6. Construa um Repertório de Habilidades:

Investir em aprender novas habilidades e melhorar as que você já possui pode aumentar sua autoconfiança. Quanto mais você se sente competente em diferentes áreas, mais confiante se torna.

7. Desenvolva uma Mentalidade Positiva:

Cultive uma mentalidade positiva, focando em suas realizações e nas soluções em vez de se concentrar nos problemas.

8. Cuide da sua Aparência Pessoal:

Embora a autoconfiança vá muito além da aparência, cuidar de sua aparência pessoal pode ajudar a melhorar a maneira como você se sente consigo mesmo. Vestir-se bem e cuidar da higiene pessoal pode impulsionar sua autoconfiança.

9. Enfrente seus Medos Gradualmente:

Se você tem medos específicos que afetam sua autoconfiança, trabalhe neles gradualmente. Enfrente esses medos passo a passo para ganhar confiança.

10. Cultive Relações Positivas:

Relacionar-se com pessoas que o apoiam e o incentivam é fundamental para a construção da autoconfiança. Evite relacionamentos tóxicos que possam minar sua confiança.

Lembre-se de que a autoconfiança não é algo que se constrói da noite para o dia. É um processo contínuo que requer esforço e autodisciplina. À medida que você aplica essas estratégias em sua vida diária, sua autoconfiança crescerá gradualmente, capacitando-o a enfrentar desafios com resiliência e determinação. Acredite em si mesmo, pois você é capaz de conquistar o que deseja na vida.

Como Lidar com o Medo e a Autodúvida

O medo e a autodúvida são obstáculos comuns no caminho da autoconfiança. Todos nós enfrentamos essas emoções em algum momento de nossas vidas, mas é fundamental aprender a lidar com elas para construir e manter a confiança em si mesmo.

1. Identifique suas Fontes de Medo:

O primeiro passo para lidar com o medo é identificar suas fontes. Pergunte a si mesmo: "O que exatamente estou com medo?" Essa clareza ajuda a enfrentar o medo de frente.

2. Aceite o Medo como Normal:

Entenda que o medo é uma emoção natural. Todos sentem medo em determinadas situações. Aceitar isso normaliza a experiência e ajuda a evitar a autocrítica excessiva.

3. Pratique a Aceitação e a Compreensão:

Aceite que a autodúvida é uma parte comum da jornada humana. Não se culpe por sentir autodúvida; em vez disso, procure compreender as razões por trás desses sentimentos.

4. Desafie Pensamentos Negativos:

Quando a autodúvida se instala, desafie os pensamentos negativos que surgem. Pergunte a si mesmo se esses pensamentos são verdadeiros e racionais. Muitas vezes, a autodúvida é baseada em suposições infundadas.

5. Cultive a Autocompaixão:

Trate-se com a mesma gentileza e compaixão que ofereceria a um amigo que está passando por um momento difícil. A autocompaixão ajuda a aliviar a autocrítica e a autodúvida.

6. Visualize o Sucesso:

Quando o medo e a autodúvida surgirem, visualize o sucesso. Imagine a si mesmo superando obstáculos e alcançando seus objetivos. Essa técnica de visualização pode ajudar a criar uma mentalidade mais positiva.

7. Concentre-se no Progresso, Não na Perfeição:

Entenda que a busca pela perfeição pode levar à autodúvida. Em vez disso, concentre-se no progresso contínuo e na aprendizagem com os erros.

8. Busque Apoio:

Compartilhe suas preocupações e medos com amigos, familiares ou um profissional de saúde mental. Conversar sobre seus sentimentos pode oferecer perspectivas valiosas e apoio emocional.

9. Aja Apesar do Medo:

Lembre-se de que a coragem não é a ausência de medo, mas a ação apesar do medo. Quando você age apesar do medo, constrói confiança em si mesmo.

10. Pratique a Gratidão:

A gratidão pode ajudar a afastar a autodúvida. Regularmente, reflita sobre as coisas pelas quais você é grato em sua vida. Isso ajuda a manter uma perspectiva positiva.

Lidar com o medo e a autodúvida é um processo contínuo. Não espere eliminá-los completamente, pois são parte da experiência humana. Em vez disso, aprenda a enfrentá-los de maneira saudável e construtiva. À medida que você adquire habilidades para lidar com essas emoções, sua autoconfiança cresce e você se torna mais resiliente diante dos desafios que a vida apresenta. Acredite em si mesmo e saiba que você é capaz de superar medos e autodúvidas para alcançar seus objetivos e sonhos.

Capítulo 6: Adaptabilidade - Seja Flexível e Resiliente

A Importância da Adaptabilidade em um Mundo em Constante Mudança

Vivemos em uma era de mudanças rápidas e constantes. A velocidade das transformações tecnológicas, econômicas, sociais e ambientais está moldando nosso mundo de maneiras que nunca poderíamos ter previsto. Nesse cenário, a adaptabilidade se torna uma habilidade fundamental para o sucesso pessoal e profissional.

O Mundo em Constante Evolução

A sociedade moderna está em constante evolução. Avanços tecnológicos, como inteligência artificial, automação e comunicação instantânea, estão redefinindo a maneira como vivemos e trabalhamos. A globalização nos conectou a culturas e mercados distantes, criando novas oportunidades e desafios.

Além disso, eventos imprevisíveis, como pandemias e crises econômicas, podem interromper nossas vidas de maneira significativa. Nesses momentos, a capacidade de se adaptar se torna ainda mais crucial.

A Importância da Adaptabilidade Pessoal

A adaptabilidade pessoal não se resume apenas a se ajustar às mudanças externas, mas também a desenvolver a mentalidade e as habilidades necessárias para prosperar em um ambiente em constante mudança. Aqui estão algumas razões pelas quais a adaptabilidade é tão importante:

Resiliência: A adaptabilidade fortalece a resiliência emocional. Pessoas adaptáveis lidam melhor com o estresse e as adversidades, pois estão abertas a ajustar suas estratégias e enfrentar desafios de maneira mais eficaz.

Aproveitar Oportunidades: Ser adaptável significa estar aberto a novas oportunidades. Você está mais propenso a identificar e aproveitar oportunidades que outros podem perder.

Aprendizado Contínuo: A adaptabilidade incentiva o aprendizado contínuo. Pessoas adaptáveis são curiosas e dispostas a adquirir novos conhecimentos e habilidades.

Melhoria de Relações: A habilidade de se adaptar também é valiosa em relacionamentos pessoais e profissionais. Ela permite que você se ajuste às necessidades e expectativas dos outros, promovendo relações mais saudáveis e produtivas.

Maior Empregabilidade: No ambiente de trabalho atual, as empresas valorizam a adaptabilidade. Os profissionais que podem se adaptar a mudanças rapidamente são mais procurados e têm mais oportunidades de carreira.

Desenvolvendo a Adaptabilidade

A boa notícia é que a adaptabilidade pode ser desenvolvida e aprimorada ao longo do tempo. Aqui estão algumas maneiras de cultivar essa habilidade:

Mantenha uma mentalidade aberta: Esteja disposto a considerar novas ideias e perspectivas, mesmo que elas desafiem suas crenças existentes.

Aceite a incerteza: Reconheça que a incerteza é uma parte natural da vida e que nem tudo pode ser planejado com antecedência.

Pratique a flexibilidade: Experimente fazer coisas de maneira diferente do que está acostumado. Isso ajuda a construir resiliência.

Aprenda com a experiência: Cada desafio e fracasso oferece oportunidades de aprendizado. Use essas experiências para se tornar mais adaptável.

Cultive a resiliência emocional: Desenvolva maneiras saudáveis de lidar com o estresse e a pressão, como meditação, exercícios ou conversas com amigos.

Mantenha-se atualizado: Esteja atento às tendências e mudanças em sua área de interesse ou profissão e continue aprendendo.

A adaptabilidade é uma habilidade valiosa que permite prosperar em um mundo em constante mudança. Ao abraçar a mudança, aprender com a experiência e desenvolver uma mentalidade aberta, você estará mais bem preparado para enfrentar os desafios e aproveitar as oportunidades que a vida apresenta. A adaptabilidade não é apenas uma habilidade; é uma mentalidade que o capacita a navegar com sucesso em qualquer cenário.

Estratégias para se Ajustar às Mudanças e Desafios

A capacidade de se ajustar às mudanças e enfrentar desafios é uma habilidade valiosa que pode ser desenvolvida e aprimorada. Aqui estão algumas estratégias para ajudá-lo a se adaptar com sucesso a um ambiente em constante mudança:

1. Cultive a Mentalidade da Gratidão:

A gratidão é uma ferramenta poderosa para ajudá-lo a se ajustar às mudanças. Ao focar no que você tem e nas oportunidades que surgem, em vez de se concentrar no que perdeu, você mantém uma perspectiva positiva.

2. Seja Flexível e Aberto à Aprendizagem:

A rigidez pode dificultar a adaptação. Esteja disposto a se ajustar e aprender com novas situações. Aceite que você não tem todas as respostas e esteja aberto a ideias e perspectivas diferentes.

3. Desenvolva Resiliência Emocional:

A resiliência emocional é a capacidade de lidar com o estresse e a pressão de maneira saudável. Praticar a autocompaixão, meditação, exercícios e manter relações de apoio ajuda a desenvolver essa habilidade.

4. Estabeleça Metas Flexíveis:

Ao definir metas, seja flexível em relação ao caminho que você pode precisar seguir para alcançá-las. Mudanças de curso podem ser necessárias, e isso não significa que você está desistindo de seus objetivos.

5. Desenvolva sua Inteligência Emocional:

A inteligência emocional envolve a capacidade de reconhecer e gerenciar suas próprias emoções, bem como entender as emoções dos outros. Isso é crucial para lidar com desafios interpessoais.

6. Mantenha um Plano B:

Ter um plano alternativo pode fornecer segurança emocional quando as coisas não saem como planejado. Isso pode incluir economizar dinheiro para emergências ou considerar opções de carreira alternativas.

7. Construa um Rede de Apoio:

Ter pessoas em quem você possa confiar e recorrer em tempos difíceis é fundamental. Uma rede de apoio pode fornecer orientação, suporte emocional e perspectivas valiosas.

8. Esteja Aberto à Mudança de Percepção:

Às vezes, a adaptação envolve uma mudança de percepção. Esteja disposto a ver as situações sob uma luz diferente e a questionar suas próprias crenças e preconceitos.

9. Pratique a Comunicação Eficaz:

A capacidade de comunicar suas necessidades, expectativas e preocupações de maneira eficaz é fundamental para lidar com mudanças e desafios em relacionamentos pessoais e profissionais.

10. Aceite a Incerteza:

A incerteza é uma parte inevitável da vida. Aceitar que nem sempre podemos prever ou controlar o futuro ajuda a reduzir a ansiedade relacionada à mudança.

Lembre-se de que a adaptabilidade é uma jornada contínua. À medida que você aplica essas estratégias em sua vida, estará mais bem preparado para enfrentar as mudanças e desafios que surgem em seu caminho. A adaptabilidade não apenas o ajuda a sobreviver em um mundo em constante mudança, mas também o capacita a prosperar e crescer, independentemente das circunstâncias.

Como a Mentalidade de Solução de Problemas Pode Impulsionar a Adaptabilidade

A mentalidade de solução de problemas desempenha um papel fundamental na capacidade de se adaptar às mudanças e enfrentar desafios com eficácia. Ter uma abordagem proativa e orientada para a resolução de problemas pode ser um impulsionador significativo da adaptabilidade. Aqui está como isso funciona:

1. Identificação de Desafios como Oportunidades:

Em vez de ver os desafios como obstáculos intransponíveis, aqueles com uma mentalidade de solução de problemas os encaram como oportunidades para crescimento e aprendizado. Eles acreditam que, ao superar esses desafios, podem se tornar mais fortes e mais capazes.

2. Foco em Soluções, Não em Problemas:

Em vez de se concentrar apenas nos problemas, indivíduos com mentalidade de solução de problemas direcionam sua energia para encontrar soluções. Eles acreditam que sempre existe uma maneira de resolver um problema ou superar uma dificuldade.

3. Adaptação às Mudanças:

A capacidade de adaptar-se a novas situações muitas vezes requer a identificação de soluções criativas para os desafios apresentados pelas mudanças. Aqueles com uma mentalidade de solução de problemas são mais propensos a encontrar maneiras de se ajustar e prosperar em ambientes em constante mudança.

4. Abordagem Passo a Passo:

A mentalidade de solução de problemas incentiva a abordagem passo a passo para enfrentar desafios. Em vez de se sentir sobrecarregado pela magnitude de um problema, essa mentalidade divide-o em etapas menores e gerenciáveis, tornando-o mais acessível.

5. Aprendizado Contínuo:

A busca por soluções envolve aprendizado contínuo. Aqueles com essa mentalidade estão dispostos a adquirir novos conhecimentos e habilidades conforme necessário para superar desafios.

6. Resolução de Problemas em Equipe:

A mentalidade de solução de problemas não se limita apenas a indivíduos. Ela também pode ser aplicada em equipes e grupos. Ao colaborar para encontrar soluções, as equipes se tornam mais eficazes na resolução de desafios complexos.

7. Compreensão da Causa Raiz:

A abordagem de solução de problemas muitas vezes envolve a busca pela causa raiz de um problema. Em vez de tratar apenas os sintomas, essa mentalidade procura entender o que está por trás do desafio e aborda-o de maneira mais eficaz.

8. Aceitação da Mudança:

Aqueles com uma mentalidade de solução de problemas tendem a aceitar a mudança como parte da vida e como uma oportunidade para aplicar suas habilidades de resolução de problemas.

9. Resiliência Aprimorada:

A resiliência está intimamente ligada à mentalidade de solução de problemas. A capacidade de superar desafios e adversidades muitas vezes depende da disposição de buscar soluções em vez de desistir.

Desenvolver uma mentalidade de solução de problemas não apenas impulsiona a adaptabilidade, mas também promove uma abordagem positiva para enfrentar a vida em geral. Ao acreditar que você tem a capacidade de encontrar soluções para os desafios que surgem, você se torna mais confiante em sua capacidade de se ajustar, crescer e prosperar em um mundo em constante mudança. A adaptabilidade, combinada com uma mentalidade de solução de problemas, se torna uma ferramenta poderosa para navegar pelas complexidades da vida com confiança e determinação.

Capítulo 7: Integrando o Método FAÇA na Sua Vida

Como Combinar os Quatro Pilares do Método FAÇA em Sua Vida

Agora que você está familiarizado com os quatro pilares do Método FAÇA - Foco, Ação, Confiança e Adaptabilidade - é hora de explorar como você pode integrá-los de maneira eficaz em sua vida. A verdadeira força deste método reside na sinergia entre esses pilares e na forma como eles se complementam para ajudá-lo a alcançar seus objetivos e enfrentar os desafios com confiança. Aqui estão algumas maneiras de combinar os quatro pilares em sua jornada:

1. Defina Objetivos com Foco em Mente:

Comece com o pilar do Foco. Defina objetivos claros e específicos que deseja alcançar em sua vida pessoal e profissional. Ao ter uma visão clara do que deseja realizar, você direciona sua energia e atenção para o que é mais importante.

2. Aja com Determinação:

Ação é o próximo passo. Transforme seus objetivos em ações concretas. Crie um plano detalhado e comece a trabalhar nele imediatamente. Lembre-se de que a ação é o motor que impulsiona o progresso.

3. Construa Confiança em Si Mesmo:

A Confiança é fundamental para manter seu ímpeto. À medida que enfrenta desafios e supera obstáculos, sua confiança aumenta. Acredite em suas habilidades e capacidades, e lembre-se das vitórias passadas sempre que a autodúvida surgir.

4. Adapte-se às Mudanças e Obstáculos:

A Adaptabilidade é o que permite que você navegue pelas mudanças e imprevistos que a vida apresenta. Esteja aberto a ajustar seus planos quando necessário. Não veja os obstáculos como barreiras intransponíveis, mas como oportunidades para encontrar soluções criativas.

5. Aplique a Mentalidade de Solução de Problemas:

Combine os quatro pilares com a mentalidade de solução de problemas. Quando enfrentar desafios, use o Foco para identificá-los claramente, tome Ação para encontrar soluções, mantenha a Confiança de que você pode superá-los e Adapte-se conforme necessário para seguir em frente.

6. Cultive a Disciplina e a Consistência:

A disciplina e a consistência são aliadas valiosas ao integrar o Método FAÇA em sua vida. Mantenha o Foco em seus objetivos, tome Ações consistentes para avançar em direção a eles, construa Confiança por meio de um compromisso contínuo e esteja disposto a Adaptar-se quando necessário.

7. Use a Avaliação Regularmente:

Implemente a avaliação regularmente para medir seu progresso e identificar áreas que podem exigir ajustes. Pergunte a si mesmo se está mantendo o Foco, tomando Ação, construindo Confiança e sendo Adaptável em suas atividades diárias.

8. Busque Orientação e Apoio:

Lembre-se de que você não está sozinho em sua jornada. Busque orientação e apoio de amigos, mentores ou profissionais quando necessário. Ter uma rede de apoio pode ser uma fonte valiosa de motivação e perspectiva.

9. Celebre as Conquistas:

Não esqueça de celebrar suas conquistas, grandes e pequenas. Isso não apenas reforça sua Confiança, mas também motiva você a continuar avançando em direção aos seus objetivos.

Ao combinar os quatro pilares do Método FAÇA em sua vida de maneira equilibrada, você cria uma base sólida para o sucesso pessoal e profissional. Foco estabelece a direção, Ação gera progresso, Confiança impulsiona a determinação e Adaptabilidade permite que você se ajuste às circunstâncias em constante mudança. É uma abordagem holística para alcançar seus objetivos e enfrentar desafios com resiliência. Conforme você aplica esses princípios em sua vida, estará mais bem preparado para conquistar seus sonhos e superar qualquer obstáculo que surja em seu caminho. O Método FAÇA é mais do que um guia; é um estilo de vida que o capacita a FAZER o que quiser e a se tornar a melhor versão de si mesmo.

Exercícios Práticos para Aplicar os Princípios em Sua Vida

A teoria é importante, mas a verdadeira transformação ocorre quando colocamos os princípios em prática. Aqui estão alguns exercícios práticos para ajudar você a aplicar os princípios do Método FAÇA em sua vida diária:

1. Foco: Defina Seus Objetivos

Escolha uma área de sua vida, como carreira, saúde, relacionamentos ou desenvolvimento pessoal. Escreva três objetivos claros e específicos que deseja alcançar nessa área. Priorize esses objetivos com base em sua importância e urgência (Sugestão: faça uma busca na internet pelo termo "método simples de priorização" e aplique-o em sua lista). Crie um plano de ação detalhado para alcançar cada objetivo, incluindo prazos e etapas específicas. Revise seus objetivos regularmente para mantê-los no topo de sua mente.

2. Ação: Tome Medidas Concretas

Escolha um dos objetivos que definiu na etapa anterior. Identifique a primeira ação que precisa ser tomada para avançar em direção a esse objetivo. Execute essa ação imediatamente, se possível. Estabeleça um hábito diário de tomar pequenas medidas em direção aos seus objetivos. Mantenha um registro de suas ações e revisite-as para medir seu progresso.

3. Confiança: Reforce Sua Autoconfiança

Faça uma lista de suas realizações passadas e momentos em que superou desafios. Escolha uma afirmação positiva que reflita sua confiança em suas habilidades e repita-a diariamente. Pratique o autorreforço positivo, reconhecendo e celebrando suas conquistas, mesmo as menores. Esteja ciente de pensamentos autocríticos e substitua-os por pensamentos mais positivos e construtivos. Cultive relacionamentos com pessoas que apoiem sua autoconfiança e afastem-se de influências negativas.

4. Adaptabilidade: Aprenda com a Mudança

Identifique uma situação recente em que você precisou se adaptar a uma mudança. Reflita sobre como você lidou com essa mudança. O que fez certo e o que poderia ter feito de maneira diferente? Pergunte a si mesmo quais lições pode extrair dessa experiência para se tornar mais adaptável no futuro. Pratique a aceitação da incerteza, reconhecendo que a mudança é uma constante na vida. Esteja aberto a ajustar seus planos quando necessário e veja os obstáculos como oportunidades de crescimento.

5. Integração dos Pilares: Pratique a Avaliação Semanal

Reserve um tempo no final de cada semana para fazer uma avaliação. Analise como aplicou os princípios do Foco, Ação, Confiança e Adaptabilidade em sua semana. Identifique áreas em que teve sucesso e áreas que podem exigir ajustes. Estabeleça metas para a próxima semana, com base em sua avaliação. Use esse processo de avaliação semanal como uma oportunidade de aprendizado contínuo e melhoria.

6. Compartilhe e Aprenda em Grupo:

Junte-se a um grupo ou comunidade que compartilhe interesses ou objetivos semelhantes aos seus. Participe de discussões e compartilhe suas experiências, desafios e sucessos.

Ouça as histórias e lições de outras pessoas e aprenda com suas perspectivas. O apoio mútuo e a troca de conhecimentos podem ser incrivelmente motivadores e esclarecedores.

Lembre-se de que a consistência é fundamental quando se trata de aplicar os princípios do Método FAÇA em sua vida. À medida que você pratica esses exercícios regularmente, eles se tornam parte integrante de sua abordagem para alcançar objetivos e enfrentar desafios. **O Método FAÇA não é um destino; é um processo contínuo de crescimento e melhoria pessoal.** Quanto mais você o aplica, mais eficaz se torna em atingir suas aspirações e superar qualquer obstáculo que possa surgir em seu caminho. É um caminho que o levará a uma vida de realizações e resiliência, onde você se torna o autor de seu próprio sucesso.

História Inspiradora - Rafael e Sebastian: A Jornada da NUMENU

A história de Rafael e Sebastian, os visionários fundadores da NUMENU, é um exemplo brilhante de como o Método FAÇA pode ser aplicado para superar desafios e transformar uma ideia em um empreendimento de sucesso. Sua jornada é uma prova viva de como os princípios do Foco, Ação, Confiança e Adaptabilidade podem moldar uma startup inovadora.

Tudo começou com um momento aparentemente trivial. Rafael estava a caminho de uma reunião de negócios quando seu celular ficou sem bateria. Desesperado por um carregador, ele parou em uma loja de conveniência em um posto de gasolina. A experiência o fez questionar: "Será que uma loja de conveniência dentro do Uber é viável?" Foi esse pensamento que acendeu a faísca da inovação.

No dia seguinte, Rafael não perdeu tempo. Ele ligou para seu amigo Sebastian e compartilhou sua experiência e ideia. Juntos, eles decidiram criar a NUMENU, uma rede de mini lojas de conveniência dentro dos carros do Uber. Essa ideia revolucionária não só se tornaria um sucesso, mas também se alinharia perfeitamente com os princípios do Método FAÇA.

Foco - Definindo o Objetivo:

Rafael e Sebastian começaram definindo claramente seu objetivo: lançar uma rede de lojas de conveniência dentro dos carros do Uber. Eles visualizaram um futuro em que os passageiros do Uber teriam acesso a produtos essenciais durante suas viagens. Esse foco os direcionou para a ação.

Ação - Transformando Ideias em Realidade:

Para testar o modelo, Rafael e Sebastian se tornaram motoristas do Uber. Eles validaram seu MVP (Produto Mínimo Viável), criaram um aplicativo funcional e desenvolveram a identidade visual das lojas dentro dos veículos. A ação foi a chave para transformar sua visão em realidade.

Confiança - Acreditando na Ideia:

À medida que a NUMENU ganhava tração e aparecia na mídia, a confiança dos fundadores em sua ideia só crescia. Eles acreditavam na proposta de valor que estavam oferecendo aos passageiros do Uber e na escalabilidade do negócio, e chegaram a ter 2000 (dois mil) carros do Uber com suas mini lojas de conveniência, o que representava cerca de 10% (dez por cento) da frota total na ocasião.

Adaptabilidade - Superando a Adversidade:

A pandemia de 2020 trouxe desafios significativos, com as corridas de Uber praticamente zeradas. No entanto, em vez de desistir, Sebastian teve uma ideia inovadora: adaptar o modelo para atender às necessidades das pessoas em lock down. Eles transformaram a NUMENU em pequenas lojas de conveniência autônomas dentro de condomínios residenciais.

A capacidade de adaptação de Rafael e Sebastian permitiu que eles testassem e validassem rapidamente esse novo modelo. Começando no condomínio onde Sebastian morava, eles conquistaram sucesso e escala, atingindo 100 condomínios em apenas 9 meses de operação.

A história de Rafael e Sebastian e sua startup NUMENU é um exemplo inspirador de como o Método FAÇA pode orientar empreendedores em todas as etapas de sua jornada. Eles identificaram um problema, focaram em uma solução, agiram com determinação, construíram confiança em seu conceito e foram ágeis o suficiente para se adaptar às mudanças do ambiente. É uma história de resiliência, inovação e sucesso que ilustra como esses princípios podem transformar uma visão, uma intenção ou um sonho em uma realidade de sucesso. Rafael e Sebastian provaram que qualquer desafio pode ser superado, e qualquer ideia pode se tornar um triunfo, aplicando os conceitos do Método FAÇA.

Eu pessoalmente conheci a história da NUMENU de perto, antes da pandemia havia entrado em um Uber com uma loja e o motorista me explicou todo o funcionamento. Já no início da pandemia vi um post do Rafael no LinkedIn falando sobre a pivotagem, ou seja, a mudança no modelo de negócio do carro de aplicativo para condomínio residencial, entrei em contato com ele que me apresentou o Sebastian e me tornei licenciado NUMENU no ABC Paulista onde implantei em 10 (dez) condomínios ao longo de 7 (sete) meses. Saí do negócio um pouco antes da NUMENU ser comprada por um concorrente do Sul do país. Nunca mais os encontrei, mas continuo fã desses caras!

Capítulo 8: Mantendo a Consistência e a Motivação

Estratégias para Manter a Consistência na Aplicação do Método FAÇA

Manter a consistência na aplicação do Método FAÇA é essencial para alcançar resultados duradouros e superar os desafios que a vida apresenta. Aqui estão algumas estratégias fundamentais que podem ajudar você a permanecer firme em sua jornada:

1. Estabeleça Hábitos Sólidos:

Hábitos são poderosos impulsionadores de consistência. Identifique ações diárias ou semanais que o aproximam de seus objetivos e torne-as rotina. Se deseja melhorar sua saúde, crie o hábito de se exercitar regularmente. Se busca desenvolver habilidades profissionais, reserve um tempo consistente para aprendizado e prática.

2. Utilize Lembretes Visuais:

Lembre-se constantemente de seus objetivos e do Método FAÇA. Coloque lembretes visuais em locais onde você os verá com frequência, como post-its no espelho do banheiro, na tela do computador ou na geladeira. Esses lembretes ajudam a manter seu foco e reforçam sua determinação.

3. Estabeleça Metas de Curto Prazo:

Metas de longo prazo podem parecer distantes e desmotivadoras. Divida essas metas em objetivos menores e mais alcançáveis de curto prazo. Ao atingir essas pequenas vitórias ao longo do caminho, você se manterá motivado e engajado.

4. Crie um Plano de Ação Detalhado:

Um plano de ação detalhado fornece clareza sobre os passos que você precisa seguir para alcançar seus objetivos. Quebre cada objetivo em tarefas específicas e atribua prazos para cada uma. Isso torna o processo mais gerenciável e acompanhável.

5. Envolva-se em Comunidades de Suporte:

Participar de grupos ou comunidades com objetivos semelhantes pode ser incrivelmente motivador. Você terá a oportunidade de compartilhar suas experiências, desafios e sucessos com outras pessoas que entendem sua jornada. O apoio mútuo pode ser um catalisador poderoso para a consistência.

6. Acompanhe Seu Progresso:

Mantenha um registro de seu progresso em direção aos seus objetivos. Isso pode ser feito por meio de um diário, planilha ou aplicativo. Acompanhar seu sucesso ao longo do tempo ajuda a manter sua motivação e fornece insights sobre o que está funcionando ou precisa de ajustes.

7. Celebre Conquistas, Mesmo as Pequenas:

Não espere atingir metas grandiosas para celebrar. Reconheça e celebre suas conquistas, independentemente de quão pequenas possam parecer. Essas celebrações reforçam sua confiança e alimentam sua motivação.

8. Esteja Aberto a Ajustes e Flexibilidade:

Embora a consistência seja crucial, esteja disposto a ajustar seu plano e métodos conforme necessário. A vida é imprevisível, e surgirão obstáculos. A adaptabilidade é igualmente importante para manter seu progresso.

9. Visualize o Sucesso:

Use a visualização criativa para imaginar a realização de seus objetivos. Isso não apenas aumenta sua motivação, mas também ajuda a manter o foco em sua visão e a afastar pensamentos negativos.

10. Pratique a Autodisciplina:

A autodisciplina é a espinha dorsal da consistência. Treine-se para seguir seu plano, mesmo quando não estiver com vontade. À medida que desenvolve esse músculo, será mais fácil manter-se consistente em suas ações.

Lembre-se de que a consistência não significa que você nunca enfrentará desafios ou contratempos. Pelo contrário, é a capacidade de continuar avançando, mesmo quando as coisas ficam difíceis. O Método FAÇA é uma abordagem poderosa para enfrentar esses desafios e perseverar em direção aos seus objetivos. Ao aplicar essas estratégias em sua vida, você se tornará mais resiliente e eficaz em sua jornada de autodesenvolvimento e conquista de metas. A consistência é o alicerce sobre o qual você construirá seu sucesso duradouro.

Lidando com Desafios e Momentos de Desânimo

Manter a consistência na aplicação do Método FAÇA não é isento de desafios e momentos de desânimo. No entanto, é essencial saber como enfrentar essas dificuldades e seguir em frente. Aqui estão algumas estratégias para lidar com desafios e manter sua motivação:

1. Aceite os Desafios como Oportunidades:

Os desafios não são obstáculos insuperáveis; são oportunidades de crescimento e aprendizado. Encare cada desafio como uma chance de aprimorar suas habilidades e fortalecer sua resiliência.

2. Mantenha uma Mentalidade Positiva:

Sua mentalidade desempenha um papel fundamental na maneira como você lida com os desafios. Cultive uma mentalidade positiva, focando em soluções em vez de problemas. Acredite em sua capacidade de superar obstáculos.

3. Defina um Propósito Poderoso:

Lembre-se do motivo pelo qual começou sua jornada. Ter um propósito poderoso torna mais fácil superar os momentos difíceis. Quando você tem um objetivo claro e significativo, o desânimo perde força.

4. Mantenha o Foco em Pequenas Vitórias:

Em vez de se concentrar apenas em grandes metas, reconheça e celebre as pequenas vitórias ao longo do caminho. Elas servem como pontos de referência que indicam que você está progredindo, mesmo que lentamente.

5. Aprenda com os Erros:

Erros são oportunidades valiosas de aprendizado. Em vez de se culpar por falhas, analise o que deu errado e como pode evitar o mesmo erro no futuro. Os erros são degraus para o sucesso.

6. Estabeleça um Sistema de Apoio:

Ter um sistema de apoio, seja amigos, familiares ou colegas, é fundamental. Compartilhar suas preocupações e desafios com pessoas de confiança pode proporcionar apoio emocional e novas perspectivas.

7. Pratique a Autocompaixão:

Seja gentil consigo mesmo quando enfrentar momentos de desânimo. A autocompaixão envolve tratarmos a nós mesmos com a mesma compaixão e empatia que ofereceríamos a um amigo que está passando por dificuldades.

8. Reavive Sua Motivação:

Quando a motivação diminuir, relembre suas razões para começar. Reflita sobre seus objetivos, visualize o sucesso e lembre-se de como será gratificante alcançar o que deseja.

9. Estabeleça um Plano de Ação Revisado:

Se os desafios se tornarem esmagadores, não hesite em ajustar seu plano de ação. A flexibilidade é uma qualidade valiosa, e às vezes é necessário repensar a estratégia para superar obstáculos.

10. Persista com Determinação:

A consistência exige determinação. Mesmo nos momentos em que a motivação diminui, persista com disciplina. Lembre-se de que a consistência, mesmo quando parece pequena, acumula-se ao longo do tempo.

11. Busque Inspiração Externa:

Busque inspiração em histórias de sucesso, palestras motivacionais, livros ou até mesmo filmes inspiradores. A exposição a histórias de superação pode reacender sua paixão por seus objetivos.

12. Pratique a Resiliência:

A resiliência é a capacidade de se recuperar após enfrentar adversidades. Quanto mais você enfrenta desafios e supera obstáculos, mais resiliente se torna. Veja os momentos de desânimo como oportunidades para fortalecer sua resiliência.

Lidar com desafios e momentos de desânimo é uma parte inevitável de qualquer jornada. No entanto, esses obstáculos não devem impedi-lo de alcançar seus objetivos. Com as estratégias certas, você pode transformar desafios em oportunidades e manter sua motivação ao longo de sua jornada com o Método FAÇA. Lembre-se de que a consistência é o alicerce do sucesso, e superar obstáculos é parte integrante desse processo.

A Importância de Celebrar o Sucesso ao Longo do Caminho

Celebrar o sucesso ao longo de sua jornada com o Método FAÇA não é um mero luxo; é uma parte fundamental do processo de autodesenvolvimento e automotivação. Aqui está a importância de celebrar o sucesso, não apenas ocasionalmente, mas de forma consistente:

1. Reforça sua Autoestima:

Celebrar o sucesso é um lembrete poderoso de que você é capaz e competente. Cada vez que você reconhece uma conquista, sua autoestima cresce. Isso constrói uma imagem positiva de si mesmo e alimenta sua confiança.

2. Motivação Duradoura:

A celebração cria um ciclo de motivação positiva. Quando você reconhece o sucesso, sente-se motivado a continuar trabalhando em direção a seus objetivos. A motivação não se desvanece quando você se permite saborear suas vitórias.

3. Reforça a Mentalidade Positiva:

A celebração ajuda a cultivar uma mentalidade positiva. Em vez de se concentrar nos obstáculos, você se concentra nas realizações. Essa mentalidade positiva fortalece sua resiliência e capacidade de superar desafios.

4. Combate o Desgaste:

Manter a consistência em busca de seus objetivos pode ser desgastante. A celebração atua como um amortecedor contra a exaustão. Ela oferece momentos de alívio e prazer em sua jornada, o que o impede de se sentir sobrecarregado.

5. Reforça Hábitos Saudáveis:

Celebrar o sucesso é uma maneira de recompensar a si mesmo por hábitos saudáveis e produtivos. Quando você associa ações positivas com recompensas, é mais provável que continue adotando esses comportamentos.

6. Constrói Resiliência Emocional:

A celebração ajuda a construir resiliência emocional, tornando-o mais capaz de lidar com momentos difíceis. Quando você sabe como encontrar alegria e satisfação nas pequenas vitórias, fica mais preparado para enfrentar grandes desafios.

7. Fortalece Relações Sociais:

Compartilhar suas realizações com amigos, familiares ou colegas cria laços mais fortes e positivos. A celebração é uma oportunidade para conectar-se com os outros, reforçando seu sistema de apoio.

8. Aumenta a Satisfação Geral com a Vida:

A celebração constante cria uma sensação geral de satisfação com a vida. Você percebe que está fazendo progresso e desfrutando do processo. Essa satisfação se estende para além de seus objetivos específicos e influencia sua felicidade geral.

9. Encoraja Persistência:

Quando você celebra o sucesso, está reforçando a ideia de que o esforço vale a pena. Isso o incentiva a persistir, mesmo nos momentos mais desafiadores. A persistência é uma das chaves para o sucesso a longo prazo.

10. Torna a Jornada Mais Rica e Significativa:

A celebração transforma sua jornada em algo mais do que apenas a busca de metas. Ela torna a jornada em si rica e significativa, repleta de momentos de gratidão e alegria.

Lembre-se de que celebrar o sucesso não se limita a grandes marcos; é igualmente importante reconhecer as pequenas vitórias ao longo do caminho. Cada passo em direção aos seus objetivos merece reconhecimento e celebração. Ao incorporar esse hábito em sua vida, você fortalece sua motivação, autoestima e capacidade de perseverar em direção ao sucesso. A celebração é a faísca que mantém a chama do seu progresso queimando intensamente. Portanto, não hesite em celebrar todas as etapas de sua jornada com o Método FAÇA.

Capítulo 9: Relações Pessoais e Profissionais

Como o Método FAÇA Pode Impactar Positivamente os Relacionamentos

O Método FAÇA não se limita apenas ao autodesenvolvimento e ao sucesso pessoal; ele também tem um impacto significativo em nossos relacionamentos pessoais e profissionais. Aqui está como esse método pode transformar positivamente a maneira como nos relacionamos com os outros:

1. Comunicação Eficaz:

O Foco, o primeiro pilar do Método FAÇA, nos ensina a concentrar nossa atenção no que é mais importante. Isso se traduz em relacionamentos por meio de uma comunicação mais eficaz. Quando estamos focados em ouvir atentamente os outros, entendemos melhor suas necessidades e preocupações. Isso fortalece os laços interpessoais, criando relações mais sólidas e saudáveis.

2. Ação com Propósito:

A Ação, o segundo pilar, nos incentiva a agir com propósito e determinação. Isso não apenas nos ajuda a alcançar nossos objetivos, mas também a apoiar aqueles ao nosso redor em suas próprias jornadas. Quando agimos com intenção em nossos relacionamentos, demonstramos apoio e comprometimento, o que é essencial para construir confiança.

3. Confiança Mútua:

O terceiro pilar, a Confiança, é o alicerce de qualquer relacionamento saudável. Acreditarmos em nós mesmos e confiarmos em outros são elementos cruciais. O Método FAÇA, ao desenvolver nossa autoconfiança, nos torna mais capazes de confiar nos outros. Quando confiamos em nossos colegas, amigos e familiares, os relacionamentos se tornam mais harmoniosos e produtivos.

4. Adaptabilidade nas Relações:

A Adaptabilidade, o quarto pilar, é especialmente relevante nas relações interpessoais. A vida é dinâmica, e a capacidade de se adaptar a mudanças é essencial. O Método FAÇA nos ensina a abraçar a mudança e a encontrar soluções mesmo em situações desafiadoras. Isso nos torna parceiros mais flexíveis e resistentes em nossos relacionamentos.

5. Resolução de Conflitos Construtiva:

Conflitos são inevitáveis em qualquer relacionamento, mas o Método FAÇA nos dá as ferramentas para lidar com eles de maneira construtiva. Através do Foco, aprendemos a identificar as causas subjacentes de conflitos. A Ação nos motiva a abordar ativamente esses problemas. A Confiança nos ajuda a manter a empatia e a compreensão, e a Adaptabilidade nos permite encontrar soluções que beneficiem ambas as partes.

6. Desenvolvimento de Relacionamentos Significativos:

Ao aplicar o Método FAÇA em nossas vidas, somos capazes de desenvolver relacionamentos mais significativos. O foco em objetivos claros nos ajuda a identificar quais relacionamentos são mais valiosos e merecem nossa atenção. A ação deliberada nos permite investir tempo e energia em construir laços profundos e duradouros.

7. Influência Positiva:

À medida que crescemos pessoal e profissionalmente com o Método FAÇA, naturalmente exercemos uma influência mais positiva sobre os outros. Nossas ações inspiram e motivam aqueles ao nosso redor. Isso não apenas fortalece relacionamentos existentes, mas também nos ajuda a construir novas conexões baseadas na confiança e no respeito.

8. Empatia e Compreensão:

A aplicação do Método FAÇA nos leva a uma jornada de autodescoberta e crescimento pessoal. À medida que desenvolvemos uma compreensão mais profunda de nós mesmos, também somos mais capazes de compreender os outros. A empatia, combinada com ação construtiva, fortalece nossos relacionamentos, tornando-os mais gratificantes.

9. Promoção de Um Ambiente Positivo:

Ao adotar o Método FAÇA, você se torna um catalisador para a criação de ambientes mais positivos em sua vida pessoal e profissional. Seus relacionamentos se beneficiam de sua mentalidade orientada para a ação, confiante e adaptável, criando círculos virtuosos de apoio e crescimento.

Em resumo, o Método FAÇA não é apenas um caminho para o sucesso pessoal; é também uma filosofia de vida que pode transformar e enriquecer suas relações pessoais e profissionais. Ao aplicar os princípios do Foco, Ação, Confiança e Adaptabilidade em seus relacionamentos, você constrói laços mais fortes, resistentes e significativos, promovendo um ambiente de crescimento e apoio mútuo.

Dicas para Construir Relacionamentos Saudáveis e Produtivos

Construir relacionamentos saudáveis e produtivos é uma parte fundamental da jornada do Método FAÇA. Afinal, nossa capacidade de interagir eficazmente com os outros desempenha um papel crucial em nossas vidas pessoais e profissionais. Aqui estão algumas dicas práticas para ajudá-lo a fortalecer e nutrir seus relacionamentos:

1. Escute Atentamente:

A escuta atenta é a base de qualquer relacionamento bem-sucedido. Quando você se dedica a ouvir verdadeiramente o que os outros têm a dizer, demonstra respeito e interesse genuíno por suas perspectivas. Isso cria uma base sólida para a comunicação eficaz.

2. Pratique a Empatia:

A empatia é a capacidade de se colocar no lugar de outra pessoa e compreender seus sentimentos e experiências. Quando você demonstra empatia, mostra que se preocupa com o bem-estar dos outros. Isso fortalece os laços emocionais e cria conexões mais profundas.

3. Seja Autêntico:

A autenticidade é valorizada em relacionamentos. Seja você mesmo e permita que os outros vejam quem você realmente é. Isso cria uma base sólida de confiança, pois as pessoas confiam mais em indivíduos que são autênticos e transparentes.

4. Demonstre Gratidão:

Mostrar apreço pelas pessoas em sua vida fortalece relacionamentos. Não subestime o poder de um simples "obrigado". Reconhecer os gestos e contribuições dos outros cria um ambiente mais positivo e incentivador.

5. Mantenha Limites Saudáveis:

É importante estabelecer limites saudáveis em seus relacionamentos para proteger seu próprio bem-estar e manter a harmonia. Comunique de maneira clara e respeitosa quando sentir que seus limites estão sendo ultrapassados.

6. Resolva Conflitos Construtivamente:

Os conflitos são inevitáveis em qualquer relacionamento. Em vez de evitar ou ignorar os conflitos, enfrente-os de maneira construtiva. Mantenha a calma, ouça o outro lado e trabalhe juntos para encontrar soluções.

7. Comunique-se de Forma Clara:

A comunicação clara é essencial. Evite mal-entendidos e conflitos desnecessários comunicando-se de maneira direta e honesta. Use linguagem não ambígua e esteja disposto a esclarecer qualquer mal-entendido.

8. Seja Flexível:

A Adaptabilidade é um dos pilares do Método FAÇA, e isso se aplica aos relacionamentos também. Esteja disposto a se adaptar às mudanças nas dinâmicas de relacionamento e às necessidades dos outros. A flexibilidade fortalece relacionamentos.

9. Ofereça Apoio Incondicional:

Mostre apoio às pessoas em sua vida, independentemente de suas realizações ou falhas. O apoio incondicional cria um ambiente de confiança e incentivo, onde as pessoas se sentem à vontade para serem elas mesmas.

10. Invista Tempo e Energia:

Relacionamentos significativos exigem investimento de tempo e energia. Dedique tempo de qualidade às pessoas que são importantes para você. Mostre que elas são prioridades em sua vida.

11. Aprenda com os Relacionamentos:

Cada relacionamento oferece oportunidades de aprendizado. Reflita sobre suas interações passadas e considere o que você aprendeu com elas. Use esse conhecimento para melhorar seus relacionamentos futuros.

12. Cultive a Paciência:

A paciência é essencial em relacionamentos, especialmente quando se enfrentam desafios. Lembre-se de que o crescimento e o fortalecimento de relacionamentos levam tempo. Não espere resultados instantâneos.

Lembre-se de que, assim como qualquer habilidade, a construção de relacionamentos saudáveis e produtivos requer prática e esforço contínuo. Ao aplicar os princípios do Método FAÇA em suas interações com os outros, você estará criando a base para relacionamentos mais significativos e gratificantes em sua vida pessoal e profissional. Cada relacionamento é uma oportunidade de crescimento, e com dedicação e atenção, você pode fortalecer esses laços ao longo do tempo.

Histórias de Pessoas que Melhoraram Seus Relacionamentos Usando o Método FAÇA

As histórias de sucesso de indivíduos que aplicaram o Método FAÇA para aprimorar seus relacionamentos são inspiradoras e ilustram o poder transformador desse método. Aqui estão algumas histórias reais de pessoas que encontraram maior harmonia e satisfação em seus relacionamentos, graças aos princípios do Foco, Ação, Confiança e Adaptabilidade:

1. Márcia e Sua Família Unida:

Márcia, uma mãe ocupada e executiva, estava constantemente lutando para equilibrar sua carreira exigente com sua vida familiar. Ela percebeu que estava sempre distraída, preocupada com o trabalho mesmo quando estava em casa com sua família. Decidiu aplicar o Foco em sua vida, estabelecendo limites claros entre seu tempo de trabalho e seu tempo em família. Ao fazer isso, ela se tornou mais presente, dedicando atenção total aos seus filhos e marido quando estava com eles. Esse simples ajuste teve um impacto profundo, fortalecendo seus laços familiares e trazendo mais felicidade para sua casa.

2. Laércio e Sua Melhoria na Comunicação:

Laércio sempre teve dificuldade em se expressar claramente e costumava evitar conversas difíceis com sua esposa. Isso levava a mal-entendidos e agravava os conflitos. Inspirado pelo Ação, Laércio decidiu abordar esse problema de frente. Ele começou a praticar a comunicação eficaz, expressando seus pensamentos e sentimentos com sinceridade e ouvindo atentamente sua esposa. Com o tempo, eles começaram a ter conversas mais produtivas e a resolver suas diferenças de maneira construtiva, fortalecendo seu relacionamento.

3. Maria e Sua Jornada de Autoconfiança:

Maria sempre lutou com a baixa autoestima e isso afetou seus relacionamentos pessoais. Com o apoio do pilar Confiança do Método FAÇA, ela embarcou em uma jornada de autoconhecimento e autoaceitação. Ela trabalhou em sua autoconfiança e começou a se valorizar mais. Isso se refletiu em seus relacionamentos, pois os outros passaram a vê-la como alguém mais seguro e digno de confiança. Sua transformação pessoal resultou em relacionamentos mais saudáveis e significativos.

4. Roberto e Sua Adaptabilidade no Trabalho:

Roberto era conhecido por sua resistência à mudança no ambiente de trabalho, o que criava tensões com colegas e superiores. Inspirado pelo pilar Adaptabilidade, ele decidiu abraçar a mudança e procurar soluções em vez de resistir. Isso o levou a se tornar um colaborador mais flexível e aberto a novas ideias. Seus relacionamentos no trabalho melhoraram significativamente, e ele se tornou um membro mais valioso da equipe.

5. Carla e Sua Capacidade de Lidar com Conflitos:

Carla costumava evitar confrontos a todo custo, o que resultava em relacionamentos cheios de tensões não resolvidas. Aplicando o pilar da Ação, ela decidiu abordar conflitos de frente, mas de maneira respeitosa e construtiva. Ela aprendeu a importância de expressar suas preocupações de maneira não acusatória e a ouvir as perspectivas dos outros. Isso a ajudou a resolver conflitos de maneira mais eficaz e a fortalecer suas amizades e relacionamentos de trabalho.

Os nomes acima são fictícios, no entanto tratam-se de situações reais de pessoas com quem convivi no âmbito profissional em meus 36 anos de trabalho em empresas de diversos tamanhos e segmentos. Essas histórias ilustram como o Método FAÇA pode ser aplicado de maneira única para melhorar relacionamentos em várias áreas da vida. **Seja na família, no trabalho ou na vida pessoal, os princípios do Método FAÇA podem ajudar a construir relacionamentos mais saudáveis, significativos e harmoniosos.** Ao focar na comunicação eficaz, na ação com propósito, na confiança mútua e na adaptabilidade, as pessoas podem transformar seus relacionamentos para melhor, criando um ambiente de apoio, crescimento e felicidade.

Capítulo 10: Uma Vida Balanceada

A Importância de Equilibrar a Vida Pessoal e Profissional

A busca por uma vida equilibrada é uma jornada fundamental em nosso caminho para o sucesso e a realização pessoal. No coração do Método FAÇA está a compreensão de que a verdadeira conquista não reside apenas no sucesso profissional, mas também na capacidade de equilibrá-lo com uma vida pessoal rica e satisfatória.

O equilíbrio entre a vida pessoal e profissional é essencial por várias razões:

1. Saúde e Bem-Estar:

Uma vida equilibrada permite que você cuide de sua saúde física e mental. O excesso de trabalho pode levar ao estresse crônico, à exaustão e a problemas de saúde. Ao dedicar tempo à sua vida pessoal, você recarrega suas energias e fortalece sua saúde, tornando-se mais resistente aos desafios.

2. Relacionamentos Significativos:

O tempo dedicado a relacionamentos pessoais fortalece laços com amigos e familiares. Esses relacionamentos proporcionam apoio emocional, enriquecem sua vida e oferecem um senso de pertencimento e significado.

3. Crescimento e Autoconhecimento:

A vida pessoal não se trata apenas de descanso; é também um espaço para o crescimento pessoal e o autoconhecimento. Tempo livre permite que você explore seus interesses, hobbies e paixões, enriquecendo sua experiência de vida.

4. Produtividade Aprimorada:

Surpreendentemente, uma vida equilibrada pode melhorar sua produtividade no trabalho. Quando você está revigorado e emocionalmente equilibrado, seu desempenho profissional tende a ser mais eficaz e eficiente.

5. Prevenção do Esgotamento Profissional:

O esgotamento profissional é uma ameaça real quando a vida profissional domina a pessoal. Equilibrar essas áreas da vida ajuda a prevenir o esgotamento e a manter sua paixão e motivação no trabalho.

6. Realização Holística:

O verdadeiro sucesso não é medido apenas por realizações profissionais, mas pela sensação de realização em todas as áreas da vida. Ter um equilíbrio entre trabalho e vida pessoal permite uma realização mais holística.

7. Satisfação Duradoura:

A busca implacável do sucesso profissional pode levar a uma sensação de vazio quando alcançada, se a vida pessoal foi negligenciada. O equilíbrio promove uma satisfação duradoura, pois não depende apenas de realizações profissionais, mas de bem-estar geral.

Em resumo, equilibrar a vida pessoal e profissional é uma busca contínua que envolve a criação de limites claros, a gestão eficaz do tempo e a priorização de seu bem-estar e relacionamentos. O Método FAÇA encoraja a busca desse equilíbrio, reconhecendo que ele é essencial para uma vida significativa, saudável e bem-sucedida. Nossa próxima etapa explorará estratégias práticas para alcançar e manter esse equilíbrio vital.

Estratégias para Gerenciar o Estresse e Manter a Saúde Mental

O equilíbrio entre a vida pessoal e profissional não é apenas sobre a divisão de tempo; é também sobre o gerenciamento eficaz do estresse e a manutenção da saúde mental. Em um mundo cada vez mais agitado e competitivo, a capacidade de lidar com o estresse se torna uma habilidade essencial para a realização pessoal e profissional.

Aqui estão algumas estratégias fundamentais para gerenciar o estresse e preservar a saúde mental enquanto busca uma vida equilibrada:

1. Prática de Mindfulness e Meditação:

A meditação e o mindfulness são ferramentas poderosas para acalmar a mente e reduzir o estresse. Dedique alguns minutos todos os dias para se desconectar do mundo exterior, focar sua atenção no presente e cultivar a paz interior. Se você não faz idéia por onde começar ou nunca teve contato com estas práticas sugiro procurar no Youtube, eu mesmo sigo alguns canais que me ajudaram a entender os benefícios destas práticas e me orientaram passo a passo como começar.

2. Estabelecimento de Limites:

Defina limites claros entre o trabalho e a vida pessoal. Desligue o e-mail e as notificações fora do horário de trabalho e evite levar tarefas para casa sempre que possível.

3. Gestão Eficaz do Tempo:

Aprenda a priorizar tarefas e alocar tempo para atividades pessoais e de lazer. O uso eficiente do tempo pode ajudar a evitar a sensação de estar constantemente sobrecarregado.

4. Exercício Regular:

A atividade física não só melhora a saúde física, mas também libera endorfinas que ajudam a reduzir o estresse e a ansiedade. Reserve tempo para o exercício em sua rotina diária.

5. Sono de Qualidade:

O sono adequado é essencial para a saúde mental. Estabeleça uma rotina de sono consistente e evite levar dispositivos eletrônicos para a cama, o que pode interferir na qualidade do sono.

6. Busca de Apoio Profissional:

Se o estresse se tornar avassalador, não hesite em procurar apoio de um profissional de saúde mental. Terapia e aconselhamento podem oferecer estratégias eficazes para enfrentar desafios emocionais.

7. Desenvolvimento de Hobbies e Interesses:

Dedique tempo a atividades que lhe tragam alegria e satisfação pessoal. Isso pode incluir hobbies, esportes, leitura ou qualquer coisa que o relaxe e recarregue suas energias.

8. Cultivo de Relacionamentos Significativos:

Mantenha conexões com amigos e familiares. O apoio social é um amortecedor eficaz contra o estresse e pode oferecer uma perspectiva equilibrada da vida.

9. Prática de Autocompaixão:

Seja gentil consigo mesmo. Evite a autocrítica e o perfeccionismo excessivo. Lembre-se de que todos têm limitações e momentos difíceis.

10. Planejamento de Tempo Livre:

Incorpore momentos de lazer e relaxamento em seu cronograma. Planeje férias ou dias de folga para recarregar suas energias regularmente.

Gerenciar o estresse e manter a saúde mental não é apenas uma parte essencial da busca por uma vida equilibrada, mas também um investimento em sua qualidade de vida e sucesso a longo prazo. Ao incorporar essas estratégias em sua rotina diária, você estará fortalecendo sua resiliência, promovendo sua saúde mental e criando as bases para uma vida pessoal e profissional mais satisfatória.

Como Aplicar o Método FAÇA ao Equilíbrio Entre Vida Pessoal e Profissional

Agora que compreendemos a importância de equilibrar a vida pessoal e profissional, vamos explorar como o Método FAÇA pode ser aplicado a essa busca constante por harmonia e realização em todas as áreas de nossa vida.

1. Foco (F):

Para alcançar o equilíbrio, é essencial definir metas claras tanto para sua vida pessoal quanto profissional. Estabeleça prioridades e concentre-se nas tarefas mais importantes em cada área. Isso significa que, durante o tempo de trabalho, esteja totalmente presente, focado em suas responsabilidades, e, quando estiver com a família ou cuidando de si mesmo, esteja presente nesses momentos também. O Foco ajuda a evitar a dispersão e a maximizar a eficácia em todas as esferas.

2. Ação (A):

A Ação é fundamental para manter o equilíbrio. Tome medidas ativas para proteger seu tempo pessoal. Isso pode incluir a definição de limites no trabalho, o estabelecimento de horários de trabalho flexíveis, a busca de ajuda quando necessário e o investimento em atividades de autocuidado. A ação deliberada é o que permite que você concretize seu desejo de equilíbrio.

3. Confiança (C):

A Confiança em si mesmo desempenha um papel crítico ao buscar o equilíbrio. Acredite que é possível conciliar suas várias responsabilidades e que você merece uma vida equilibrada. Cultivar a autoconfiança também envolve saber quando pedir ajuda e delegar tarefas, seja no trabalho ou em casa. Confie na sua capacidade de encontrar soluções que funcionem para você.

4. Adaptabilidade (A):

A Adaptabilidade é especialmente relevante quando se trata de equilibrar a vida pessoal e profissional, pois a vida está em constante mudança. Esteja disposto a ajustar sua abordagem à medida que as circunstâncias mudam. Às vezes, você precisará priorizar uma área sobre a outra, e está tudo bem. A adaptabilidade permite que você se recupere de desafios e reveja suas estratégias conforme necessário.

Utilizando o Método FAÇA, você pode encontrar o equilíbrio entre vida pessoal e profissional de maneira mais consciente e eficaz. Reconhecendo a importância de cada pilar e aplicando-os às suas decisões e ações diárias, você estará no caminho certo para alcançar uma vida equilibrada e gratificante.

Lembre-se de que o equilíbrio não é uma meta estática, mas uma jornada contínua. Haverá momentos em que uma área da vida exigirá mais atenção do que a outra. O segredo está na habilidade de se adaptar e na consciência de que você tem o poder de escolher como equilibrar essas áreas de acordo com suas necessidades e objetivos pessoais.

Ao adotar o Método FAÇA como um guia, você pode buscar uma vida que seja rica em realizações tanto pessoais quanto profissionais, mantendo seu bem-estar e felicidade como prioridades fundamentais. Lembre-se de que a vida é uma tapeçaria complexa de diferentes aspectos, e é o equilíbrio entre eles que nos permite viver plenamente e com significado.

Capítulo 11: Superando Desafios e Adversidades

Como o Método FAÇA Pode Ajudar a Superar Desafios

No decorrer da vida, enfrentamos uma variedade de desafios e adversidades. Essas situações podem surgir em nossa vida pessoal ou profissional e muitas vezes testam nossa resiliência, determinação e capacidade de adaptação. O Método FAÇA, que tem sido o cerne deste livro, é uma ferramenta valiosa para enfrentar e superar esses desafios.

Foco (F):

O Foco é o primeiro passo para superar desafios. Ao definir claramente o desafio que está à sua frente, você cria um objetivo concreto para trabalhar. Isso ajuda a direcionar sua energia e atenção para encontrar soluções. Quando você se concentra no desafio em vez de se sentir sobrecarregado por ele, pode tomar medidas concretas para superá-lo.

Ação (A):

A Ação é a força motriz que transforma seus objetivos em realidade. **Quando você enfrenta um desafio, a inércia pode ser seu pior inimigo. Tomar medidas imediatas, mesmo que sejam pequenas, o coloca no caminho da resolução.** O Método FAÇA nos lembra da importância de agir, mesmo quando as soluções parecem distantes.

Confiança (C):

A Confiança é fundamental quando se trata de superar desafios. Ter confiança em si mesmo e em sua capacidade de enfrentar adversidades é um componente-chave da resiliência. O Método FAÇA nos ajuda a construir e fortalecer essa confiança, lembrando-nos de nossas habilidades e experiências passadas de superação.

Adaptabilidade (A):

A Adaptabilidade é crucial quando as circunstâncias mudam ou quando os desafios se revelam mais complexos do que o esperado. O Método FAÇA nos ensina a ser flexíveis em nossa abordagem, a considerar novas soluções e a ajustar nossas estratégias conforme necessário. Ser capaz de se adaptar a novas situações é um componente-chave para superar desafios.

Como autor deste livro, compartilhei minha própria jornada de desafios e superações. Desde a perda de empregos até o enfrentamento de dificuldades financeiras e a busca por novas oportunidades de negócios, tive a oportunidade de aplicar o Método FAÇA em minha própria vida. Cada desafio foi uma oportunidade de crescimento e aprendizado, e o Método FAÇA foi minha bússola nesses momentos.

Lembro-me de quando estava endividado e buscava uma maneira de quitar minhas dívidas. Apliquei o Foco para definir um plano claro para minha recuperação financeira, a Ação para implementar esse plano e a Confiança para acreditar que poderia superar essa situação. No entanto, o caminho não foi direto, e enfrentei obstáculos inesperados. Foi a Adaptabilidade que me permitiu ajustar meu plano à medida que novas circunstâncias surgiram.

A história de minha própria vida é um testemunho de como o Método FAÇA pode ser aplicado para superar desafios e adversidades. Mas não é apenas minha história que ilustra isso; muitas pessoas em todo o mundo têm usado os conceitos desse método como uma abordagem eficaz para enfrentar obstáculos e criar uma vida melhor.

Portanto, quando você se deparar com desafios em sua própria jornada, lembre-se do Método FAÇA. Use-o como um guia para manter o Foco, tomar Ação, cultivar a Confiança e Adaptar-se às mudanças. Essa abordagem não apenas o ajudará a superar os obstáculos, mas também o fortalecerá, capacitando-o a enfrentar qualquer desafio que a vida lhe apresente. **A vida é uma jornada cheia de altos e baixos, e o Método FAÇA é a bússola que o guiará rumo ao sucesso e à realização.**

Estudos de Casos Verídicos de Superação com o Método FAÇA

Uma das maneiras mais poderosas de entender como aplicar o Método FAÇA para superar desafios é examinar casos reais. Vamos explorar mais histórias inspiradoras de indivíduos que enfrentaram adversidades usando os princípios do Método FAÇA em suas vidas.

Walt Disney - Foco em uma Visão Audaciosa (F): Walt Disney enfrentou inúmeras rejeições e desafios ao tentar lançar sua primeira empresa de animação. Ele manteve seu Foco na visão de criar um mundo de entretenimento inovador, apesar das adversidades. Com tenacidade e Foco contínuo, ele fundou a Disney e deixou um legado duradouro na indústria do entretenimento.

Oprah Winfrey - Ação Determinada (A): Oprah Winfrey superou uma infância difícil e obstáculos iniciais em sua carreira para se tornar uma das mulheres mais influentes do mundo. Sua Ação determinada em busca de seus objetivos a levou a criar um império de mídia, usando sua plataforma para inspirar e ajudar outras pessoas a superarem suas próprias adversidades.

Nelson Mandela - Confiança Inabalável (C): Nelson Mandela passou 27 anos na prisão, mas manteve sua Confiança inabalável em sua visão de justiça e igualdade. Após sua libertação, ele desempenhou um papel fundamental na transição da África do Sul para a democracia. Sua Confiança em seus princípios e na humanidade o ajudou a superar um dos momentos mais difíceis da história.

Malala Yousafzai - Adaptabilidade Resiliente (A): Malala enfrentou a adversidade do extremismo e da violência enquanto lutava pelo direito das meninas à educação no Paquistão. Após um atentado contra sua vida, ela não desistiu, demonstrando uma notável Adaptabilidade ao continuar sua campanha global por educação e igualdade.

Sílvio Santos - Confiança e Adaptabilidade (C, A): Sílvio Santos é uma figura icônica na televisão brasileira. No entanto, sua jornada para o sucesso foi marcada por altos e baixos. Ele enfrentou dificuldades financeiras e desafios profissionais ao longo de sua carreira. Sua Confiança em suas habilidades e sua Adaptabilidade para se reinventar e se adaptar às mudanças do mercado de mídia foram fundamentais para sua ascensão e longevidade na indústria.

Alex Atala - Ação e Adaptabilidade (A): Alex Atala é um renomado chef de cozinha brasileiro que enfrentou desafios em sua carreira culinária. Ele é conhecido por sua abordagem inovadora à gastronomia, valorizando ingredientes locais e tradicionais. Em sua jornada, enfrentou a desconfiança inicial e a falta de recursos financeiros para abrir seu próprio restaurante, o D.O.M., que se tornou um dos melhores do mundo. Sua Ação determinada para perseguir sua visão e sua Adaptabilidade para explorar e celebrar a riqueza da culinária brasileira o tornaram um ícone da gastronomia internacional.

Esses são apenas alguns exemplos de indivíduos que usaram os princípios do Método FAÇA para superar desafios monumentais. Eles nos mostram como o Foco em uma visão clara, a Ação determinada, a Confiança inabalável e a Adaptabilidade resiliente podem nos capacitar a enfrentar qualquer adversidade que a vida nos apresente.

Ao estudar esses casos e aprender com suas experiências, você pode encontrar inspiração e orientação para aplicar o Método FAÇA em sua própria jornada de superação. Lembre-se de que, independentemente dos obstáculos que você enfrentar, os princípios do Método FAÇA estão sempre ao seu alcance, prontos para guiá-lo rumo ao sucesso e à realização.

Estratégias para Manter a Resiliência em Momentos Difíceis

A resiliência é a capacidade de enfrentar adversidades, superar desafios e se recuperar de momentos difíceis. No contexto do Método FAÇA, a resiliência desempenha um papel crucial para garantir que você continue avançando em direção aos seus objetivos, mesmo quando a jornada se torna árdua. Aqui estão algumas estratégias para ajudar você a manter a resiliência em momentos difíceis:

Mantenha o Foco na Visão: Lembre-se constantemente do seu objetivo e da visão que o impulsiona. Ter um propósito claro pode fornecer a motivação necessária para superar obstáculos.

Pratique a Aceitação: Nem todos os desafios podem ser evitados ou controlados. A prática da aceitação envolve reconhecer a realidade da situação e aceitá-la sem resistência. Isso permite que você direcione sua energia para encontrar soluções em vez de se fixar no problema.

Cultive a Gratidão: Mesmo nas situações mais difíceis, há sempre algo pelo qual ser grato. Cultivar a gratidão ajuda a manter uma mentalidade positiva e a encontrar beleza nas pequenas coisas, mesmo durante os momentos mais desafiadores.

Mantenha uma Rede de Apoio: Compartilhar seus desafios e buscar apoio de amigos, familiares ou mentores pode ser incrivelmente reconfortante. Ter alguém com quem conversar e receber conselhos pode ajudar a aliviar a pressão.

Cuide de Si Mesmo: O autocuidado é fundamental para a resiliência. Isso inclui cuidar da sua saúde física e mental, descansar quando necessário e praticar atividades que o relaxem e recarreguem.

Aprenda com a Adversidade: Cada desafio traz consigo a oportunidade de aprendizado e crescimento. Reflita sobre as lições que você pode extrair de suas experiências difíceis e use-as para se fortalecer.

Mantenha um Plano de Contingência: Tenha um plano B ou um plano de contingência em mente. A capacidade de se adaptar rapidamente a mudanças inesperadas é uma das chaves para a resiliência.

Visualize o Sucesso: Use a visualização para imaginar o sucesso e a superação dos desafios. Isso pode ajudar a manter a motivação e a confiança durante momentos difíceis.

Celebre Pequenas Vitórias: Não subestime o poder de celebrar as pequenas vitórias ao longo do caminho. Reconhecer seu progresso, mesmo que seja pequeno, pode fornecer um impulso positivo.

Lembre-se de que a resiliência é uma habilidade que pode ser desenvolvida e fortalecida ao longo do tempo. Quando você enfrenta desafios usando o Método FAÇA e incorpora essas estratégias em sua vida, está equipado para lidar com adversidades de maneira eficaz. A resiliência não apenas o ajudará a superar desafios, mas também o tornará mais forte e preparado para enfrentar o que o futuro reserva.

Conclusão: A Consolidação do Método FAÇA

Ao chegarmos ao final desta jornada pelo Método FAÇA - Foco, Ação, Confiança e Adaptabilidade, é crucial refletirmos sobre a riqueza de conhecimento e inspiração que exploramos ao longo deste livro. Cada página foi projetada para equipá-lo com as ferramentas necessárias para transformar sua atitude e capacidade de execução, tanto na vida pessoal quanto na profissional.

Durante nossa jornada, mergulhamos profundamente nos quatro pilares fundamentais do Método FAÇA, desvendando seus segredos e destacando sua importância:

1. Foco - Definindo Seus Objetivos: Você aprendeu que o primeiro passo para alcançar qualquer objetivo é estabelecer um Foco nítido e inspirador. Definir metas claras é como traçar um mapa para o sucesso, direcionando seus passos e sua energia na direção certa. Lembramos que, em 2006, após enfrentar desafios iniciais, atingi o ponto de equilíbrio em meu empreendimento, o que me impulsionou a buscar soluções para impulsionar ainda mais o negócio. Este é um exemplo de como o Foco pode transformar obstáculos em oportunidades.

2. Ação - Tornando Sonhos em Realidade: Descobrimos que a Ação é o motor que transforma intenções e sonhos em realidade. Através de histórias inspiradoras e estratégias práticas, você aprendeu a superar a procrastinação e a hesitação, tomando medidas decisivas em direção aos seus objetivos. Lembre-se de 2009, quando, após um revés financeiro e a quebra de meu negócio, recomecei do zero e levei dois anos para quitar minhas dívidas. Isso demonstra como a Ação determinada pode superar desafios aparentemente intransponíveis.

3. Confiança - Acredite em Você Mesmo: Exploramos a importância da Confiança em si mesmo como o alicerce de todo o processo. Sem acreditar que você é capaz, os obstáculos podem parecer insuperáveis. Aprendemos estratégias para construir e manter essa autoconfiança, permitindo que você avance com convicção. Pense nas adversidades que enfrentei ao longo dos anos, desde a perda financeira até a pandemia de 2020, e como minha Confiança me guiou através desses momentos desafiadores.

4. Adaptabilidade - Seja Flexível e Resiliente:
Constatamos que viver em um mundo em constante mudança
exige Adaptabilidade. Esta habilidade não só nos ajuda a nos
ajustar às mudanças, mas também a prosperar diante delas.
Compreendemos como uma mentalidade de solução de
problemas impulsiona a Adaptabilidade, capacitando você a
enfrentar qualquer reviravolta. Lembre-se da história de Amyr
Klink e sua incrível jornada através do oceano Atlântico em um
barco a remo, demonstrando como a Adaptabilidade pode ser a
chave para triunfar em situações aparentemente impossíveis.

Ao longo de nossas explorações, compartilhamos
histórias inspiradoras de indivíduos notáveis que aplicaram esses
princípios em suas vidas. Pessoas como Walt Disney, Oprah
Winfrey, Nelson Mandela, Malala Yousafzai, Alex Atala e
muitos outros provaram que os princípios do Método FAÇA é
universal e pode ser aplicado por qualquer pessoa,
independentemente dos obstáculos que estiverem enfrentando.

Agora, à medida que você conclui este livro, a próxima
etapa é sua. Encorajo-o a começar a aplicar o Método FAÇA
imediatamente em sua vida. **Lembre-se de que o sucesso não é
apenas atingir seus objetivos, mas também aprender e**

crescer ao longo do caminho. Encare cada novo dia com gratidão por estar vivo e como uma nova oportunidade para avançar em direção à vida que você deseja construir.

Não espere mais, comece agora e faça cada dia contar. Sua jornada de transformação começa com um único passo - o passo do Método FAÇA. Com Foco claro, Ação determinada, Confiança inabalável e Adaptabilidade resiliente, você tem em suas mãos as chaves para desbloquear seu potencial máximo e alcançar a grandeza em todos os aspectos da vida. Acredite em si mesmo e no poder do Método FAÇA, e o mundo se tornará o seu campo de possibilidades ilimitadas.

Agradecimento

À medida que chegamos ao final deste livro, gostaria de expressar meu mais profundo agradecimento por nos acompanhar nesta jornada de autodescoberta e transformação. É uma honra tê-lo como leitor e espero sinceramente que este livro tenha sido uma fonte de inspiração, conhecimento e motivação em sua vida.

Ao longo das páginas deste livro, compartilhamos princípios fundamentais do Método FAÇA - Foco, Ação, Confiança e Adaptabilidade. Exploramos histórias inspiradoras, estratégias práticas e insights profundos para capacitá-lo a atingir seus objetivos, superar desafios e desenvolver uma atitude positiva e uma capacidade eficaz de execução em sua vida pessoal e profissional.

Agora, o próximo passo está em suas mãos. Você tem em seu arsenal as ferramentas e os princípios necessários para criar uma mudança significativa em sua vida. Acredite em si mesmo e no poder do Método FAÇA. Transforme sonhos em realidade, enfrente desafios com resiliência e construa relacionamentos saudáveis e produtivos.

Encorajo você a aplicar o Método FAÇA em sua vida imediatamente. Mas não pare por aí. Mantenha-se comprometido, mantenha o foco, tome ação, confie em si mesmo e seja adaptável. Celebre cada pequena vitória ao longo do caminho, pois essas são as pedras preciosas que pavimentam o caminho para o sucesso duradouro.

Gostaria também de convidá-lo a compartilhar suas experiências conosco. Se você leu o livro e colocou em prática os princípios do Método FAÇA, adoraríamos ouvir seus relatos e histórias de sucesso, assim poderemos inserir em futuras edições. Como isso afetou sua vida? Que melhorias você conseguiu obter? Sua experiência e feedback são inestimáveis e podem inspirar outros leitores.

Por favor, envie-nos suas opiniões, pensamentos e histórias por meio dos contatos informados na página 3 (três) deste livro. Sua voz é importante para nós, e estamos ansiosos para aprender como o Método FAÇA impactou positivamente sua jornada.

Mais uma vez, obrigado por sua leitura e confiança. Desejo-lhe sucesso contínuo em sua busca por uma vida mais realizada, focada e plena.

Que o Método FAÇA seja sua bússola constante, guiando-o em direção a um futuro repleto de realizações.

Com gratidão,

Otávio Oliveira

Referências Bibliográficas

NELSON, Bob. Faça o que tem que ser feito. Rio de Janeiro: Sextante, 2003.

FONSECA, Mário Antônio Porto. Superfoco. Belo Horizonte: Editora Do, 2017.

KLINK, Amyr. Cem dias entre céu e mar. 32ª Edição. São Paulo: Companhia das Letras, 1995.

ALEXANDER, Caroline. Endurance - a Lendária Expedição de Shackleton à Antártida. São Paulo: Companhia das Letras, 2000.

CHAMINE, Shirzad. Inteligência Positiva. 1ª Edição. São Paulo: Fontanar, 2013.

THOMAS EDISON. In: WIKIPÉDIA, a enciclopédia livre. Flórida: Wikimedia Foundation, 2023. Disponível em: <https://pt.wikipedia.org/w/index.php?title=Thomas_Edison&ol did=66455265>. Acesso em: 21 ago. 2023.

J. K. ROWLING. In: WIKIPÉDIA, a enciclopédia livre. Flórida: Wikimedia Foundation, 2023. Disponível em: <https://pt.wikipedia.org/w/index.php?title=J._K._Rowling&old id=66140352>. Acesso em: 26 jun. 2023.

WALT DISNEY. In: WIKIPÉDIA, a enciclopédia livre. Flórida: Wikimedia Foundation, 2023. Disponível em: <https://pt.wikipedia.org/w/index.php?title=Walt_Disney&oldid=65940399>. Acesso em: 26 mai. 2023.

OPRAH WINFREY. In: WIKIPÉDIA, a enciclopédia livre. Flórida: Wikimedia Foundation, 2023. Disponível em: <https://pt.wikipedia.org/w/index.php?title=Oprah_Winfrey&oldid=66168496>. Acesso em: 29 jun. 2023.

NELSON MANDELA. In: WIKIPÉDIA, a enciclopédia livre. Flórida: Wikimedia Foundation, 2023. Disponível em: <https://pt.wikipedia.org/w/index.php?title=Nelson_Mandela&oldid=66476823>. Acesso em: 25 ago. 2023.

MALALA YOUSAFZAI. In: WIKIPÉDIA, a enciclopédia livre. Flórida: Wikimedia Foundation, 2023. Disponível em: <https://pt.wikipedia.org/w/index.php?title=Malala_Yousafzai&oldid=65470926>. Acesso em: 12 mar. 2023.

SILVIO SANTOS. In: WIKIPÉDIA, a enciclopédia livre. Flórida: Wikimedia Foundation, 2023. Disponível em: <https://pt.wikipedia.org/w/index.php?title=Silvio_Santos&oldid=66370213>. Acesso em: 5 ago. 2023.